O MUI DESASSOSSEGADO
Senhor General

A vida de José Inácio de Abreu e Lima

O MUI DESASSOSSEGADO
Senhor General

A vida de José Inácio de Abreu e Lima

Sergio Bruni

Copyright © 2010 Sergio Bruni

EDITORA FGV
Rua Jornalista Orlando Dantas, 37
22231-010 | Rio de Janeiro, RJ | Brasil
Tels.: 0800-021-7777 | 21-3799-4427
Fax: 21-3799-4430
editora@fgv.br | pedidoseditora@fgv.br
www.fgv.br/editora

Todos os direitos reservados. A reprodução não autorizada desta publicação, no todo ou em parte, constitui violação do copyright (Lei nº 9.610/98).

Os conceitos emitidos neste livro são de inteira responsabilidade do autor.

Grafia atualizada segundo o Acordo Ortográfico da Língua Portuguesa, em vigor no Brasil desde 2009.

1ª edição — 2010

PREPARAÇÃO DE ORIGINAIS: Daniel Seidl
REVISÃO: Fatima Caroni
DIREÇÃO DE ARTE: Mary Paz Guillén
IMAGEM DA CAPA: Óleo sobre tela *General Abreu e Lima*, de Reynaldo Fonseca (acervo da Galería de Arte de la Asamblea Nacional de la República de Venezuela)
ILUSTRAÇÕES DO MIOLO: Isadora Marzano

Impresso no Brasil | *Printed in Brazil*

**Ficha catalográfica elaborada pela
Biblioteca Mario Henrique Simonsen/FGV**

Bruni, Sergio

    O mui desassossegado Senhor General : a vida de José Inácio de Abreu e Lima / Sérgio Bruni. - Rio de Janeiro : Editora FGV, 2010.

    136 p.

    ISBN: 978-85-225-0822-8

  1. Lima, José Inácio de Abreu e, 1794-1869. I. Fundação Getulio Vargas. II. Título.

                                   CDD – 923.581

Para os amigos
Gustavo Krause
&
Lindolpho de Carvalho Dias

Agradeço ao Centro de Pesquisa e
Documentação de História Contemporânea
do Brasil da Fundação Getulio Vargas
(Cpdoc/FGV) as pesquisas sobre aspectos
históricos, que enriqueceram este livro.
Quaisquer falhas ocorridas na utilização
das mesmas são de minha inteira
responsabilidade.

Alerta sem fronteiras

Estas anotações buscam reencenar parte da história do MUI DESASSOSSEGADO GENERAL JOSÉ INÁCIO DE ABREU E LIMA (tido n'algumas ocasiões até como descomedido), tendo a realidade como seu mais importante ingrediente, não se atendo à rigidez das crônicas dos eventos, mas buscando narrar em um contexto mais amplo, regurgitado, numa espécie de transistória, untando relatos histórico-biográficos, pincelando-os esteticamente e por vezes polvilhando com anêmicas e envergonhadas gotas contextualizantes, optando, sempre, pelos caminhos da concisão aos da demasia. Ao iniciar as pesquisas que redundaram neste livrinho, deparei com densas e interessantes passagens daquele general, que imantam uma verdadeira e ziguezagueante saga, passando a escrever, então, em prazerosa agonia acobreadas palavras sobre a épica da Grã-Colômbia e um de seus protagonistas: este combativo militar e intelectual pernambucano & grão-colombiano.

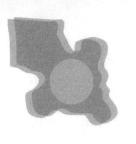

Índice

Primeira Parte — 13

O Ínicio da Nossa História — 19

Fragmentos da Longa Jornada — 29

Tempos de Muitos Sonhos e Batalhas — 47

O Retorno Forçado — 53

Segunda Parte — 75

O General vai Saindo de Cena — 77

Andanças pela Corte de Recife — 85

A Morte Anunciada — 107

Para Melhor Conhecer o General — 123

O general Abreu e Lima dobra cuidadosamente a engomada túnica branca de sua farda de gala, com as mangas e o colarinho bordados de fios azul-marinho, privativa dos oficiais-generais, com dragonas reluzentes, e os oito vistosos botões dourados; sobressaindo, no lado esquerdo à altura do peito, bem defronte ao coração, as emblemáticas e vistosas condecorações, obtidas por atos de heroísmo e, também, em função da reconhecida liderança e competência no comando de tropas bolivarianas, nas batalhas de Boyacá, Porto Cabello e Carabobo.

Repousa sobre ela a barretina negra de aba curta, na qual flutua, olimpicamente, o brasão de armas colombianas; sua espada e esporas de ouro, recebidas das mãos do próprio Libertador Simón Bolívar, e acomoda a onipresente e arranhada bússola de cobre, bem como o diário encapado com couro de cabra marrom, fechando então a gasta valise, em que seguramente retém, ali inertes, os únicos pertences de algum valor pecuniário, mas que enfeixam todo o simbolismo de sua entrega absoluta à causa que abraçou, naquelas distantes paragens de falares, olhares e pensares acastelhanados.

Melancolicamente se dirige ao acanhado, rústico e malconservado cais do porto de Bogotá, infestado de mosquitos, a esta altura ainda semideserto e com apenas duas medianas embarcações atracadas – um comprido e estreito vapor, o *El Gallego*, e uma estropiada barcaça de carga, além de uns poucos e desanimados pescadores que lavam silenciosamente suas redes. Com passos lentos, olhar cravado nas montanhas e embaçado pela emoção, atravessa silenciosamente ermas, alagadas e enlameadas ruelas, com tristonhas e ainda dormitantes casas de alvenaria ou pedras, algumas com mais de dois séculos de existência, a envergar solene e despojadamente telheiros cor de fuligem e os inconfundíveis balcões corridos, sempre avançados com as onipresentes jardineiras, onde se aninham fotogênicos gerânios multicoloridos.

Ironicamente se vai fatigado e para sempre da terra de que foi um dos libertadores. Neste momento, se encontra na irônica e incômoda condição de herói expatriado a caminho do exílio em seu país natal, o Brasil monárquico, deixando para trás o que sobrou da tão idealizada e liberta Grã-Colômbia.

É a gélida e nublada alvorada do dia 9 de agosto de 1831 na capital da república colombiana, e sua solitária e solidária "guarda de honra" está integrada, tão somente, pelo amigo de muitos anos, o cabo Gabito, mui leal ordenança de campo. Ele o segue com o andar desajeitado, mudo, sorumbático, pela cidade raquiticamente desbotada, de sopros uivantes, de alvas e espessas brumas, em que somente a adocicada fragrância das laranjeiras em flor parece insistir em querer se despedir do general.

O cabo caminha sempre um passo atrás, obsequiosamente, com sua avantajada cabeça de índia velha, fartos e escorridos cabelos negros, e enverga o maltratado uniforme de campanha, na cor cáqui dos praças de cavalaria, poncho de lã de carneiro já descolorido, puído e desfiado, botas de montaria de cano alto e pretas, com as robustas e enferrujadas rosetas largas das esporas que tilintam, teimosamente, ao roçar nas pedras do caminho. Ainda está meio atordoado e sem entender direito como se expulsa um herói, que ainda por cima é tido como Benemérito da Pátria em Grau Heroico e Eminente.

O navio apita triste e roucamente três vezes e o general se despede com um afetuoso abraço de seu confidente e subordinado da longa e épica campanha de muitos e intensos anos de suor, sangue e sonhos.

— Adeus — diz-lhe, fitando-o com olhos de ausência e o semblante encrespado pela decepção que lhe causa aquela "deportação". O cabo perfilado, em prussiana posição de sentido, bate solenemente continência e responde:

— Adeus, meu general!

O Início de Nossa História

Aquele 6 de abril de 1794, um domingo, raia com um sol encoberto e sonolento, depois da chuvarada que pipocou nas telhas vãs dos casarios durante toda a noite, ritmada e ininterruptamente, o que é bastante incomum nos períodos outonais na cidade do Recife.

Ao meio-dia e meia, no engenho de Casa Forte, na periferia da capital, chega ao mundo José Inácio de Abreu e Lima, pelas mãos hábeis de dona Suzana das Dores do Céu, dublê de exímia parteira e conceituada astróloga.

O menino nasce com quase quatro quilos, muito comprido, ossudo e chorão; seu pai é o padre Roma, José Inácio Ribeiro de Abreu e Lima, e sua mãe, Lucíola Souto de Abreu e Lima, a dona Lulu. Uma semana depois, dona Suzana cerimoniosamente, mas bastante satisfeita, entrega-lhes o mapa astral do recém-nascido, em que, com esmero, anota:

O Sol em Áries faz com que José Inácio de Abreu e Lima possa escolher ser ele um líder. Muitos de seus desafios pessoais estarão ligados à sua capacidade de tomar iniciativas e seguir em frente, antecipando-se aos outros.

Será corriqueiro, em sua vida, assumir o primeiro lugar. As pessoas precisam de alguém que tome a dianteira e as conduzam. Não será da sua natureza receber ordem, a não ser que seja de um líder que ele admire. Então, se não puder ser ele a dá-las, talvez seja preferível trabalhar sozinho, sendo seu próprio líder.

Para prosperar profissionalmente, sua necessidade de independência terá que ser respeitada. Se bem trabalhado, ele se transformará em um inovador destemido, disposto a correr riscos para alcançar objetivos em longo prazo. Quando em desarmonia, se manterá impulsivo e obstinado.

A forma que encontrará para chegar à plenitude da autossatisfação se dará através de realizações pioneiras. Algumas de suas maiores obras surgirão quando seu sentido de individualidade for ameaçado. Nestes momentos, suas chances de amadurecer aflorarão ao conseguir substituir o seu egocentrismo juvenil por um verdadeiro espírito de liderança.

Mercúrio e Vênus estão em conjunção ao Sol na 11ª casa, dando vigor e eloquência à sua aspiração de liderança, facilitando a sua comunicação e criando um carisma em torno de sua personalidade, o que lhe dará muita força na superação de suas crises pessoais, tornando-as menos importantes que os objetivos que estabelecer para sua vida.

O ascendente em Gêmeos produziu nele uma imensa fome de conhecimento, o que o tornará ansioso por viajar e conhecer outras pessoas similares. No decorrer da vida, irá melhorando a sua capacidade de comunicação, envolvendo-se em atividades que exigirão muito das suas aptidões persuasivas e da sua natureza sociável, o que foi muito facilitado pela conjunção de Vênus, Mercúrio e Sol.

É fundamental que não se sinta amarrado e tenha total liberdade para conceber, explorar e investigar ideias. Como terá um interesse particular em conhecer a natureza da mente, uma carreira com desafios intelectuais que lhe proporcione constantes variedades e mudanças se mostrará a mais apropriada. Melhor, ainda, se lhe der a possibilidade de desenvolver a sua própria mente. Possuirá um jeito especial para estabelecer uma rede de conexões e para manter contatos com outras pessoas.

A Lua está em Câncer, seu domicílio, fazendo com que se relacione de maneira muito emocional e profundamente apaixonada com a vida, brotando sensibilidade em meio à aridez, conferindo a seu caráter um forte componente de fidelidade e passionalidade que caracteriza os grandes líderes religiosos, monges, ascetas e, também, guerreiros.

Urano em Leão sinaliza que as mudanças revolucionárias, os movimentos que trazem a renovação lançam mão da energia de Leão, um signo do fogo, como Áries, seu signo solar, trazendo para ele uma crença profunda de que a renovação só pode surgir pela destruição do velho, do ultrapassado.

Não será, nunca, uma pessoa de meio-termo. Agirá por sua própria convicção e se satisfará com ela, não sendo apegado nem necessitando nutrir uma imagem pública de grande notoriedade. Terá vivido no silêncio, mas intimamente satisfeito por fazer o que sua convicção mais profunda tiver indicado para concretizar.

Netuno está em conjunto a Marte em Escorpião e isto reforça as características da identidade solar e o caráter revolucionário de sua personalidade. Esta conjunção sugere um traço místico, religioso ou transcendente na sua vida. É possível que participe de algum grupo, ordem religiosa, mística ou esotérica, porque buscará incessantemente dar um significado maior a sua vida.

Júpiter em Capricórnio tornou grandiosa a sua persistência e determinação, possibilitando que se constitua em um estrategista de grande visão, um concretizador de planos, um materializador de ideias movido pelo profundo desejo de realizar seus ideais.

Plutão em Aquário deu a sua personalidade um traço fanático próprio dos perfis inovadores do signo de Aquário e, como se trata de um planeta que rege os grandes movimentos da humanidade, ele deverá se agrupar a outros personagens igualmente vigorosos e inovadores.

Saturno em Touro indica que os grandes desafios encontrados por ele se localizarão no campo das realizações de trabalho e projetos, reforçando o perfil da posição de Júpiter em Capricórnio ao mesmo tempo que sinaliza as grandes limitações pessoais que enfrentará. Como esses limites estão no mesmo âmbito da sua identidade solar, ele será uma pessoa que conviverá, até o fim da vida, com uma angústia permanente, uma insatisfação crônica por tarefas a realizar.

Embora os pais de José Inácio tenham ficado inicialmente impressionados, e até bastante apreensivos com o conteúdo daquele mapa astral, suas vidas são tão movimentadas que logo se esquecem dele, remetendo-o para fazer companhia a uma pilha de documentos, já amarelecidos, naquela paz derradeira dos arquivos "ditos" mortos, a qual fica dormitantemente abrigada na parte de baixo de uma vistosa cristaleira francesa, de mogno maciço, com seus vidros caprichosamente bisotados, na ampla sala de jantar da sede do engenho.

A propriedade de 24 léguas e meia, e que há mais de um século pertence à sua família, é muito bem zelada por 38 escravos (cozinheiros, amas de leite, mucamas, moleques de recado, carregadores d'água, vaqueiros e plantadores/cortadores). Tem um vasto e sortido pomar que abrange quase sua terça parte, onde se destacam vigorosos jambeiros, jaqueiras, dezenas de sonolentos coqueiros, copadíssimas mangueiras de diversas espécies, com predominância para as mangas-espada, goiabeiras, limoeiros, cajueiros de frutos avermelhados ou amarelos, tamarindeiros esculturais, centenários jenipapeiros, umbuzeiros sempre esgalhados e muitos pés de laranjeiras, todos parindo, ininterruptamente, as mais suculentas, aromáticas e saborosas frutas tropicais. Além de serem consumidas ao cair dos pés, ou colhidas ainda amadurecendo, elas servem para fazer deliciosos doces, em conserva ou em calda, cocadas e bolos, sempre cadenciadamente mexidos nos grandes tachos de cobre, devidamente acomodados sobre fumegantes e robustos fogões de lenha.

O restante do engenho é formado por um generoso e piscoso lago, extensas e intensivas plantações de cana e, em menor escala, de mandioca, assim como por rios e pastos, onde zanzam cavalos, bois, burros, vacas, bodes, jegues e carneiros, e por cercados, onde vivem porcos, galinhas, patos, perus e marrecos. Perto da casa-grande há um alpendre onde se fabricam queijos diversos, sendo o mais consumido e afamado o de coalho, e um grande avarandado, dedicado ao preparo da carne de sol, do charque, e que aos sábados é usado para degustar a boa cachaça de alambique e o vinho de jenipapo, lá mesmo fabricados, não só para consumo dos próprios moradores do engenho, mas também para presentear os amigos.

Na edificação de maior porte e certa imponência se produz uma rapadura de excelente qualidade, quase sempre comercializada, aos domingos, na feira municipal e enviada, quinzenalmente, para venda na corte e em Salvador. Complementam o conjunto de construções do engenho as duas senzalas, o açude, o picadeiro; casas de caldeira, de encaixamento e de farinha; a estrebaria, seis pontes, a capela e o cemitério.

O genitor, José Inácio Ribeiro de Abreu e Lima, pernambucano de forte compleição física, pele acobreada, fartos cabelos negros e olhos de um azul profundo, teve uma formação intelectual muito apurada, proporcionada, de um lado, pela excelente situação financeira de sua família e, de outro, pela insaciável sede de conhecimentos, demonstrada desde a mais tenra idade. O início se deu mais sistematicamente no Convento do Carmo, em Goiana, Pernambuco, e prosseguiu com o ingresso na Universidade de Coimbra, onde se graduou em teologia, com as maiores notas da turma. Teve inclusive sua monografia de final de curso publicada pela editora universitária, o que não deixa de ser um elevado reconhecimento acadêmico, pois somente três por ano são editadas e distribuídas.

Onze meses depois, já morando em Roma, para onde segue em busca de aperfeiçoamento doutrinário e aprofundamento espiritual, é ordenado padre pelo então cardeal dom Gregório Chiaramonti, monge beneditino que ano e meio depois se vê ungido a papa com o nome de Pio VII.

Este, que muito o admira, fica surpreso e até bastante desapontado, por certo tempo, ao ser comunicado pessoalmente por ele, padre Roma (nome adotado quando de sua ordenação e que orgulhosamente conservará até o fim da vida), três anos depois, do desejo de deixar o sacerdócio para se dedicar de corpo e alma à libertação de sua pátria. Depois de tentar dissuadi-lo por todos os meios, o Pontífice aquiesce, com pesar, pois tem certeza de que o outro pode vir a ser um importante pregador da Igreja naquela longínqua e promissora nação, ainda em formação, ou até, quem sabe, um de seus bispos e, provavelmente, cardeal, por sua erudição, entusiasmo e desejo fervoroso de servir a Deus, conforme atestaram diversos professores e colegas tanto no Convento do Carmo como em Coimbra e mesmo em Roma.

Retorna, então, à província de Pernambuco, passando a ganhar a vida como advogado, granjeando rapidamente reconhecimento, fama e dinheiro, casando-se a seguir com dona Lulu. Sertaneja típica, neta de portugueses e índios, ela chegou ao Recife alguns anos antes, ainda pré-adolescente, vinda da vila de São João do Rio do Peixe, na Paraíba, com seus familiares. Seu pai veio exercer o ofício de boticário-mor na Farmácia Popular, a maior da capital de Pernambuco e de todo o Nordeste.

Ela é baixinha e meio gorducha, com lisos, fartos e escorridos cabelos negros, sempre presos em forma de coque, de serena expressão facial, sabendo somente ler e escrever precariamente, além de efetuar as quatro operações. Diz repetidamente e com certa ironia que é "uma senhorinha semiletrada" e está todo o tempo a sorrir e cantarolar modinhas ou ladainhas religiosas, dedicando-se totalmente ao marido, aos filhos e à casa, além de ser uma doceira de mão-cheia.

Sempre estimula sua prole de quatro filhos — Zé Inácio, João, Luís e Francisco — a estudar tudo o que puder, no que é precedida pelo padre Roma, que habitualmente, e com certa dramaticidade, declama: "Filho de usineiro que não estuda vira vaqueiro, sem dinheiro e, ainda por cima, encrenqueiro".

Dona Lulu é mulher de grande estoicismo pessoal, transitando durante toda a vida com a mesma tranquilidade pelos tempos de fartura e pelos de necessidade que se abateriam sobre sua família; mantendo-se calma, confiante e sorridente, com seu terço invariavelmente emaranhado na mão direita, pequena e rechonchuda.

Fragmentos da Longa Jornada

A sinuosa e pedregosa trilha de militante e intelectual de Abreu e Lima começa em sua própria casa, com seu pai costumeiramente a prosear sobre a vida e o mundo, com fortes pitadas nacionalistas, e continua sob os cuidados da austera professora Josefa de Mello Albuquerque. Celibatária quarentona e recatadíssima, com onipresentes e alvas blusas de mangas compridas e sem maquiagem alguma, ela o introduz, com método e rigor, no mundo das letras, números e histórias brasileiras e, especificamente, pernambucanas, com inconfundível e anasalado sotaque recifense, estimulando sua já aguçada curiosidade, que o acompanhará vida afora.

O Recife daqueles tempos é o mais importante centro de geração e irradiação de ideias emancipatórias do país, devido à conjunção de uma série de fatores que, ao conectar-se, produzem um amálgama ímpar: o elevado quantitativo de estrangeiros e comerciantes que lá residem e os muitos que por aquelas bandas transitam; a esmerada educação pombalina; o influente seminário de Olinda e as diversas ordens religiosas, algumas muito ativas e questionadoras; o movimentadíssimo porto, por onde desembarcam recentes e libertárias ideias dos diversos quadrantes do globo; e finalmente a maçonaria, muito operante e com adeptos em posições de destaque no aparelho do Estado, no setor produtivo e no crescentemente importante estamento policial-militar.

A infância de José Inácio no engenho tem como marcas a liberdade total, o ar com o aroma diuturno e inconfundível do melaço de cana, a cantoria dos escravos e a capoeira bem-jogada, as monocórdias ladainhas e novenas na capelinha de Nossa Senhora dos Pretos, que se intensificam sempre na quaresma, e as vaquejadas em que os participantes demonstram valentia e destreza, bem como as histórias que seu pai conta, das mais diversas partes do mundo, com certo exagero e deixando no ar um quê de mistério, inclusive no que tange às muitas passagens nas quais busca, com mestria, contextualizar o que diz a Bíblia, valendo-se das vivências cotidianas daquele engenho ou do Recife, gesticulando teatralmente e movendo-se sem parar, como um competente e inspirado ator. Uma imagem que José Inácio guardará, saudosamente, por toda a vida é a dos tranquilos e amistosos vaqueiros, com paramentos de couro, chapéu peculiar, de abas em semilua, facão na cintura e alpercatas de rabicho, com afiadas esporas, a tanger as boiadas, macérrimas e quase sempre sonolentas, com seus ornamentais, fundamentais, personalizados e vistosos berrantes a bradar, qual solistas de uma orquestra sinfônica, em apresentação de gala.

A capital da província de Pernambuco velozmente se transforma em uma das mais belas cidades do Império, com casas e sobrados atraentes, ruas largas e arborizadas. Em volta da cidade se espalham chácaras e granjas, cercadas de pés de jabuticaba, carambola e outras árvores frutíferas. Mais para o interior, fazendas de gado, engenhos ou plantações de cana-de-açúcar a se perder de vista denotam o espantoso progresso agrícola, com a produção de açúcar beirando as 10 mil toneladas por ano, tendo o Recife se tornado o mais importante mercado açucareiro do país.

A província já é reconhecida como uma das três mais ricas e populosas do Brasil (as outras são a do Rio de Janeiro e a da Bahia), e grande produtora, também, de algodão e carne, que, além de abastecer o consumo interno de quase todo o Nordeste e de parte do Sudeste, têm seus excedentes exportados para a Inglaterra e Portugal, beneficiando, com seus impostos, entretanto, muito mais a corte do que a própria província, gerando desconforto às autoridades locais e fomentando revolta nos habitantes. A maior quantidade do açúcar produzido é oriunda dos engenhos ou canaviais da região conhecida como Zona da Mata, e um dos engenhos tido como modelo, embora não pertença àquelas glebas, é o que o padre Roma administra: o engenho de Casa Forte.

Meninote ainda, José Inácio é matriculado no seminário de Olinda, onde circulam, à época, as ideias dos pensadores liberais que chegam da Europa e são objeto de passionais e acalorados debates que ecoam pelas amenas madrugadas. Estuda, com prazer e afinco, filosofia, retórica, francês, português, geografia, história, inglês, latim e matemática, recebendo no diploma em humanidades a cobiçada anotação de "Distinção por Aplicação e Estudos".

Em 1812, ao completar 17 anos, parte meio apreensivo, mas bastante esperançoso, para o Rio de Janeiro, centro político do Império e sede do governo brasileiro, para cursar a Academia Real Militar, no largo de São Francisco, criada pelo príncipe regente dom João um ano antes e onde conclui o curso em 1816, "com louvor", recebendo então a espada prateada de oficial, a patente de capitão de artilharia e o inusual título de instrutor de matemática.

Logo que chega à corte, compra um diário, encapado com couro de cabra amarronzado, no qual passa a anotar os assuntos que lhe são caros, ainda que esporadicamente — é seu *Breves apontamentos autobiográficos*. Durante toda a vida manterá o hábito de registrar as passagens mais importantes de sua jornada.

Sobre os anos de Academia anota:

O prédio é solene e de muito boa construção, fincado num arruamento correto e com praças floridas ao redor, sendo suas árvores muito bem-podadas. Sempre fui tratado com respeito e consideração pelos meus oficiais-instrutores, sargentos, cabos e colegas de farda; estudei muito, pois quero ser um oficial preparado para as artes da guerra e reconhecido pelos meus pares.

Ingressei na Academia na condição de soldado raso, passando a receber modestíssimo soldo e farinha, e não na de cadete, pois não tive avós nobres e meu pai nunca chegou nem perto da patente mínima requerida de major. A de padre já lhe é mais do que suficiente.

No meu primeiro ano cursei álgebra (equações de terceiro e quarto graus), geometria, trigonometria retilínea e desenho. No segundo, que foi um período difícil, as matérias foram cálculo diferencial e integral, descritiva, desenho e resolução de equações. Passei bem, mas dei muito duro! No meu terceiro ano estudei hidráulica, mecânica, desenho novamente e balística. Foi um bom ano e fiz algumas amizades sinceras, espero. O quarto ano foi ótimo, embora a turma fosse muito reduzida, ficando com 12 alunos. Tivemos aulas de química, estratégia, tática, fortificação de campanha e reconhecimento de terrenos. Estudei, também, os escritos de dois grandes generais franceses: o barão Simon François Gai de Vernon e o conde de Cessac, Jean Girard Lecuée.

Aproveitei para cursar duas disciplinas livres: equitação e esgrima. Na primeira, sob a orientação do tenente-coronel Carlos Eduardo Porto, pude me aperfeiçoar, e muito, nas técnicas de salto, adestramento e formações militares de batalha e, na outra, sob a severa supervisão do major-intendente Antonio Barcellos, pratiquei esgrima e táticas todos os fins de tarde de Academia, nestes quatro anos, me tornando um espadachim de boa técnica, conforme apontou meu supervisor.

Meu comandante na Academia, durante todo o curso, foi o tenente-general Augusto Napion, oficial competente, reservado e enérgico. Dedicou-me sempre atenção e aconselhamento. Ele é um exemplo de soldado profissional e honrado que levo daqui.

No último ano de estudos namorei a senhorita Pilar de Almeida Pires, a quem muito me afeiçoei e intensamente, pela primeira vez em minha vida, mas a carreira das armas e o casamento são totalmente incompatíveis.

O curso foi bom, mas estou aflito para combater o bom combate; espero ser enviado logo para uma longa campanha e servir minha pátria com dedicação e bravura. Gostaria de poder ir-me por alguns dias ao Recife para rever minha família e amigos; encontro-me muito saudoso do chão da minha infância!

Ele aproveita bastante o período na corte para frequentar teatros, saraus, exposições de arte, conhecer a cidade que já é uma verdadeira metrópole — tendo dobrado a população espetacularmente nos seis últimos anos, chegando a 70 mil pessoas — e se aprofundar nas obras de Newton, Locke, Descartes, Montesquieu e Voltaire, além de seus prediletos: os padres-doutores Agostinho, Gregório Magno e Tomás de Aquino, seu favorito. O frade italiano, além de ser tido como o mais santo dos sábios e o mais sábio dos santos, ao desenvolver uma inspiradíssima síntese do cristianismo com as ideias de Aristóteles, propiciou ao pensamento cristão a edificação de uma sólida e vigorosa filosofia, que seu pai sempre exaltou.

Nos momentos de folga gosta de caminhar até a ladeira da Misericórdia, a mais linda da cidade, e ficar olhando o movimento do porto, com o entra e sai dos navios a imantar centenas de trabalhadores e viajantes que constroem o "novo império", bem como contemplar os coloridos casarios, com telhados marrom-escuros que, a cada nova vinda sua, parecem ampliar exponencialmente os limites da cidade, chegando aos então longínquos e pouco conhecidos morros de Santo Antônio, do Castelo, de São Bento e da Conceição.

Novos teatros, quartéis, escolas, bancos, fábricas, bibliotecas, museus, hortos, repartições governamentais, lojas, mercados, igrejas, praças, ruas e a iluminação pública ampliam e formoseiam a aglomeração do novíssimo reino, cujo número de construções é ampliado em mais 650 casas e 180 chácaras, desde a chegada da família real, indicando a prosperidade do período; e têm no soldado e estudante Abreu e Lima um atento e embevecido observador, que também vê, com certo pesar, a chegada ininterrupta dos espantados e tristes negros africanos, estimados em 20 mil por ano. Sua primeira parada se faz sempre na corte e daí são dispersados para o interior, objetivando ajudar a movimentar a muito ativa atividade agrícola.

Outro programa que o estimula bastante é, aos sábados, de tardezinha, ir à livraria La Maison des Amis des Livres, na rua do Ouvidor 179, que pertence a um amigo português e contemporâneo de seu pai, dos tempos da Universidade de Coimbra. Frequenta-a, com assiduidade, no período carioca, sendo o lugar um festejado ponto de encontro de intelectuais e artistas, que já não estranham ver aquele jovem, em uniforme militar e com as insígnias da Academia, sempre silenciosamente mergulhado em leituras de clássicos franceses ou ingleses.

Durante toda a vida ele comentará, com entusiasmo, uma formatura de gala, na qual foi o porta-bandeira do pavilhão da arma de artilharia e que teve início com uma salva de 15 tiros de canhões e a pompa da Banda Marcial do Primeiro Batalhão de Fuzileiros da corte e da Guarda de Honra do Batalhão do imperador. Ao evento compareceu o próprio rei encasacado, com diversas e reluzentes condecorações, capa e espada, tendo o espaçoso e solene pátio da Academia ficado pequeno para as centenas de pessoas que prestigiaram aquele ato pomposo de elevação do Brasil a Reino Unido de Portugal e Algarves, que aconteceu numa ensolarada manhã de 16 de dezembro do ano da graça de 1815 e que terminou com uma furiosa carga de cavalaria, com as lanças embandeiradas em riste e ao som dos muitos clarins e dos vivas gritados pelos presentes.

Abreu e Lima também acompanha, com vivo interesse, as andanças e os feitos de diversos viajantes qualificados — artistas e naturalistas — que são atraídos pela corte joanina e efetuam muitas missões que, pela primeira vez, estudam e retratam sistematicamente nossas exuberantes paisagens, flora, fauna e etnografia.

Em futuras andanças por Angola, Salvador, Estados Unidos, Grã-Colômbia, Caribe e Europa, pôde ampliar ainda mais seus horizontes intelectuais, pois o embasamento teórico básico já o possui arraigado e desenvolve uma incomum capacidade para aprender idiomas e compreender outras culturas, bem como uma acurada noção da importância da liberdade, sem nenhuma relativização, como sempre enfatizou seu pai.

Dois dias depois de ter prestado juramento à bandeira e à pátria e ser declarado oficial do Exército, foi chamado pelo comandante do Corpo de Cadetes da Academia, tenente-coronel de cavalaria Antônio das Neves Cabral, que o encarrega de sua primeira missão como capitão: ele será removido, em uma semana, para a África, como encarregado da missão militar de instrução em Angola.

Embarca sem muito entusiasmo (pois o que mais deseja é engajar-se em uma campanha militar em sua terra), embora com o aflorado senso do cumprimento do dever, juntamente com dois experimentados sargentos de infantaria, que serão seus adjuntos naquela empreitada. Chegam no navio cargueiro *Ponta Negra*, três semanas depois, àquela longínqua colônia lusitana, onde trabalham sob um calor abrasador, cerca de 11 horas por dia, adestrando oficiais angolanos nas artes da guerra e lhes ensinando, também, álgebra, cálculo, geometria e desenho.

O contato intercultural possibilita-lhe descortinar outro mundo, absolutamente distinto de tudo o que vivenciou em Pernambuco e na corte; dos 300 e poucos mil habitantes de Angola, menos de mil são brancos e, mesmo assim, se computados uns 200 e poucos italianos que para lá estão degredados, perpetuamente, por enérgicos tribunais napolitanos.

Os militares angolanos com os quais trava relacionamento não têm a menor qualificação profissional, de modo que o trabalho é redobrado. Além de cultivarem o péssimo hábito de jamais cumprir qualquer horário, são desatentos e desinteressados nas instruções que lhes ministram os instrutores brasileiros.

A bela cidade de Luanda já é o maior porto de exportação de escravos em todo o litoral ocidental da África, e o capitão Abreu e Lima, tempos depois, escreve à sua mãe contando sobre a pesada rotina de trabalho. Em especial, fala da dieta alimentar local, bastante distinta daquela a que estão habituados, sendo composta basicamente por bagre-preto defumado, feijão com óleo de palma, massa dura de fubá, carnes de caça diversas, grãos de trovoada e doce de amendoim com casca, que ficam expostos em grandes tabuleiros enegrecidos e são, além de muito saborosos, curiosíssimos, misteriosos, perfumados e abundantes. Quanto às mulheres angolanas, acha-as, de modo geral, muito alegres, vestidas com roupas longas, coloridas, vistosas e de estampas diferenciadas. Entretanto, ele anota que não tem tido tempo algum para atividades recreativas em terras africanas, dedicando-se tão somente ao trabalho, desde sua chegada até aquele dia.

Nove meses depois, retorna ansioso e esperançoso ao Rio de Janeiro, desembarcando em meados de dezembro de 1816 e recebendo autorização para dirigir-se ao Recife, devendo lá aguardar a nova comissão. Ao chegar ao porto de sua cidade natal já pode sentir no ar, de imediato, a efervescência conspiratória que contagia toda a capitania de Pernambuco, a qual rejeita frontalmente qualquer decisão oriunda da corte e tem entre seus líderes seu pai, um dos ideólogos mais importantes e ativos do movimento revolucionário.

Uma semana depois, ao defender um de seus irmãos, que participa de um tradicional sarau literário e que, muito exaltado, certamente, também pelas generosas doses de licor de jenipapo e vinho de jabuticaba, bem como por concepções políticas arraigadas, dirige palavras pouco elogiosas "aos lusos ditadores e seus barrigudos asseclas da corte", o capitão Abreu e Lima bate-se contra um destacamento da polícia, enviado para deter e confinar o insolente agitador da família Roma. Tendo ferido levemente dois soldados e, ainda, resistido à prisão, é conduzido devidamente algemado, em fevereiro de 1817, à província da Bahia, para cumprir pena de três meses de detenção, sem direito a soldo, e com as repreensões anotadas na folha de serviços militares. Sua cela fica nos úmidos e sombrios conjuntos de calabouços da fortaleza de São Pedro, ironicamente debruçada sobre a luxuriante e luminosa baía de Todos os Santos.

No mês seguinte, em meados de março, irrompe ruidosamente a Revolução Pernambucana, cujos objetivos são a proclamação da República e a independência do Brasil. Uma de suas primeiras providências é o envio de representantes do chamado Governo Provisório Revolucionário para as demais capitais, especialmente aquelas do entorno do Recife. Assim, o padre Roma dirige-se a Salvador, a fim de expandir o movimento na capitania da Bahia. Mal aporta, porém, é preso e sumariamente sentenciado, por um tribunal militar, à morte por fuzilamento.

No dia 29 de março, no Campo da Pólvora, o capitão Abreu e Lima e seu irmão Luís Roma, pivô de sua briga e encarceramento, assistem impotentes e emocionados ao fuzilamento do pai. Ele lhes dirige a palavra pela derradeira vez, com sua voz forte e alta, de quem sabe pedir mandando: "Ninguém morre enquanto permanece vivo no coração de alguém. Nunca se esqueçam deste ensinamento de São Paulo" e, também, de que "a angústia de ter perdido não supera a alegria de, um dia, ter possuído, como nos falou Santo Agostinho". Entrega seu crucifixo, sempre preso a uma corrente e "bem perto do coração", a José Inácio, o primogênito, dizendo que mandou gravar, no verso, um dizer que resume seu posicionamento existencial, neste mundo de provas e expiações, e que tem certeza continuará a ser seguido por ele e pelos irmãos mais jovens.

A ocorrência dramática é por ele anotada, com riqueza de detalhes, nos *Breves apontamentos autobiográficos* e transcrita, muitos anos depois, integralmente, para o *Compêndio de história do Brasil*, de sua autoria:

Um homem houve que, conhecendo a importância de dar mais impulso àquele movimento, se ofereceu para ir às Alagoas e dali à Bahia, correndo ele só todo o risco de sua temerária empresa.

Este cidadão era o dr. José Inácio Ribeiro de Abreu e Lima, um dos mais hábeis advogados de Pernambuco, vulgarmente conhecido pela denominação de padre Roma. Suas relações na parte meridional da província lhe inspiravam grande confiança, e na verdade sua marcha até Alagoas foi um constante triunfo; por toda parte consegue fazer com que os povos e as autoridades se decidam pela revolução e, quando julga oportuno, volta a Maceió, freta uma balsa e se dirige para a Bahia.

Padre Roma, sem embargo de seus variados conhecimentos, era homem, como todos os seus correligionários, inexperiente dos manejos ocultos das revoltas; sem nenhum disfarce, apresentou-se sempre, desde que saiu do Recife, como se fosse o emissário de um governo autorizado. Ainda antes de sua marcha, sabia-se geralmente qual era a sua missão e dela tinha sido informado o conde dos Arcos na Bahia com muita antecipação; assim foi que ao saltar em terra no lugar da Barra, foi logo preso e conduzido à cadeia da cidade.

Por uma espécie de pressentimento teve ele o bem acordo de lançar à água todos os papéis que levava consigo, não só proclamações, como várias cartas para os indivíduos relacionados com os liberais de Pernambuco; mas isto só serviu para alentar na covardia aqueles mesmos que o deixaram sacrificar sem nenhuma mostra de gratidão.

O conde dos Arcos tinha já em seu poder o corpo de delito, que era a ata de eleição do governo provincial de Pernambuco, na qual seu nome aparecia em segundo lugar. Verificada a identidade da pessoa, foi julgado por uma comissão militar, condenado à morte e fuzilado no dia 29 de março no Campo da Pólvora.

O seu porte em presença do conselho, no oratório e durante o trajeto para o lugar do suplício, foi sempre o de um filósofo cristão, corajoso, senhor de si, mas tranquilo e resignado. Suas faces não se desbotaram senão quando o sangue que as tingia correu de suas feridas, regando o solo onde, seis anos depois, se firmou para sempre a independência da sua pátria.

Três dias depois o capitão Abreu e Lima, abatidíssimo e melancólico, com os cabelos em verdadeira tempestade, volta a anotar, com inimitável caligrafia miúda e letras meio deitadas:

Meu pai foi preso ao anoitecer de 26 de março; no dia seguinte fizeram-se todas as perguntas de costume, confrontação de testemunhas, e nomeou-se a comissão militar, que deveria julgar; no dia 28 foi condenado à morte e passou para o oratório às três horas da tarde; foi fuzilado às oito da manhã do dia 29.

No momento que escrevo estas linhas, assalta-me todo o horror daquela tremenda noite em que fui quase companheiro da vítima: era eu que parecia o condenado, e não ela. Nunca presenciei tanta coragem, tanta abnegação da vida, tanta confiança nos futuros destinos de sua pátria, tanta resignação enfim: uma mão de ferro me arrancava o coração; meu pranto e minha dor comoviam a todos que se achavam presentes; era mister separar-me para dar alívio às minhas lágrimas, e me conduziam a outra prisão, donde voltava depois a poder de minhas súplicas, até que foi forçoso arrancarem-me de seus braços para sempre.

Uma circunstância mais que todas vinha de quando em quando agravar essa espécie de martírio, com o que os algozes de meu pai queriam amargurar ainda mais seus últimos instantes: meu irmão, pessoa de compleição mui débil e delicada, fora preso em minha companhia e achava-se metido em um dos imundos calabouços do oratório chamado segredo. Nu em carne e estendido sobre a lama, mais parecia um espectro do que um ser vivente, coberto de lodo, faziam-no sair algumas vezes para que meu pai o visse: nesse momento terrível para seu coração de pai, parecia comovido, beijava meu irmão, e como para distrair-se dirigia a palavra a algum dos sacerdotes, que o acompanhavam. Com toda essa prova tremenda de brutal ferocidade, não fez desmentir um só instante sua resignação como filósofo, nem como cristão.

Chegando ao lugar do suplício, fez um pequeno discurso alusivo à situação e desculpando os soldados do ofício de algozes; depois, pediu que atirassem com sangue-frio para não martirizá-lo, e levando ambas as mãos algemadas ao peito fez delas o alvo de seus tiros.

Durante o conselho protestou contra a sua competência, defendeu-se sem inculpar ninguém e negou-se a todas as sugestões que lhe fizeram, para descobrir o objeto de sua missão; no oratório ninguém lhe ouviu uma queixa contra pessoa alguma, e no lugar do suplício excedeu em longanimidade a todos quantos o precederam na mesma desgraça da sorte. Os baianos viram como morre um homem livre; a lição devia ficar-lhes impressa.

O trágico desfecho da participação do padre Roma na Revolução Pernambucana de 1817 leva sua família à total dispersão e, mesmo, à ruína, pois uma resolução do presidente da província confisca todos os seus bens, inclusive o engenho, onde vivem seus entes. O filho, capitão Abreu e Lima, embora encarcerado, é sumariamente submetido a uma implacável e inapelável corte marcial e expulso do Exército, tendo a espada de oficial e uniformes recolhidos ao almoxarifado central do Exército para redistribuição, e a pena de prisão dilatada em mais 60 dias.

O aplicado e vibrante capitão vê ruir, em tão pouco tempo, tudo aquilo por que tão arduamente estudou e trabalhou, mas antevê naqueles críticos momentos que sua vida deve ter como missão continuar empunhando o ideário de seu pai, tendo como estrela-guia a causa da liberdade. Abatido e barbado, muito magro, preocupado com o destino de sua mãe e seus irmãos, e sem dinheiro algum, se pergunta, com amargura, o que fazer quando for posto em liberdade.

Logo nos primeiros dias de agosto, com a conivência de um antigo colega de turma da Academia, e meio-irmão de Pilar, sua ex-namorada carioca, e agora primeiro-tenente de infantaria e oficial de dia da guarda do presídio, Paulo Roberto Pires da Cruz (que será fuzilado, por este ato, na semana seguinte), logra fugir do calabouço, recebendo 100 pesos de auxílio da maçonaria baiana. Com o irmão, segue clandestinamente para os Estados Unidos, tendo como destino a Filadélfia, local para onde convergem os revolucionários, dos mais diversos matizes, das colônias ibero-americanas.

Ficam por lá cerca de cinco meses e têm a rara oportunidade de travar contato com ativistas bolivianos, paraguaios, chilenos, uruguaios, venezuelanos e argentinos, envolvidos nos muitos movimentos emancipatórios da hispano-América. Entendem melhor, então, a dura realidade desses subjugados povos e apreendem nuances histórico-políticas, bem como convivem intensamente com o próprio irmão de um rico, culto e jovem venezuelano, que marcará definitivamente a vida de Abreu e Lima: Simón José Antonio de La Santíssima Trinidad Bolívar Palácios y Blanco.

No final de abril de 1818, partem para o Caribe, a bordo de um barco pequenino e frágil, o *Rainha Sofia*, de bandeira hispânica, e aportam em Porto Rico, onde Luís Roma permanece, durante um ano, trabalhando em uma sólida empresa comercial, tendo chegado ao posto de gerente-geral. Cansa-se daquela amena rotina caribenha e retorna para o Recife, logo se casando e tendo uma prole de sete filhos, por lá ficando até o fim de sua existência. Abreu e Lima segue viagem para La Guairá, na Venezuela.

Logo que chega, escreve uma longa carta a Bolívar, oferecendo seus serviços e relatando a formação militar, o posto de capitão de artilharia que detinha no Brasil, as razões da expulsão do Exército, o martírio de seu pai, a missão cumprida com êxito em Angola, o título de instrutor de matemática. Finaliza dizendo estar pronto a dar a vida, se necessário, pela independência e liberdade da Venezuela e de toda a América do Sul.

Tempos de Muitos Sonhos e Batalhas

Aos 24 anos de idade, nos fins de 1818, Abreu e Lima recebe a resposta curta e entusiasmada de Bolívar. Ele o convoca para se incorporar às suas hostes, já na qualidade de capitão do Exército Bolivariano, determinando que se apresente para a primeira missão em Angostura, hoje Cidade Bolívar, na Colômbia, onde deverá atuar, num primeiro momento, como articulista e editorialista do *Correio do Orinoco*, semanário cujo principal objetivo é divulgar suas ideias.

O periódico funciona no próprio quartel-general bolivariano, na distante e diminuta localidade em que se encontra instalado o núcleo revolucionário, reduto da resistência dos rebeldes e onde se estruturam os diversos planos de batalha do recém-criado Estado-Maior Libertador.

Apenas duas semanas depois de sua chegada, recebe um inesperado convite para jantar do próprio comandante em chefe. Ao anoitecer de um sábado abafadíssimo, de ininterruptas chuvas torrenciais e relâmpagos inequivocamente tropicais, após fechar a edição do jornal, vai a seu encontro e fica bastante surpreso, pois ele está à paisana, fumando saborosamente um robusto "puro" caribenho, envergando calça e camisa de linho muito amassadas e amareladas, e usando sandálias de grossas tiras, rústicas, de couro e um chapéu de palha ordinária, com uma larga fita preta, mais parecendo um camponês daquelas plagas do que um general. Cumprimenta-o efusivamente e iniciam uma longa e estimulante conversa, regada ao bom rum jamaicano, comendo pão com presunto pata negra e queijo, com Bolívar fazendo emocionada, didática e abrangente abordagem do que considera ser o maior tesouro de um povo: a educação. Fala ao capitão que "a escravidão é a filha das trevas e um povo ignorante o instrumento cego de sua própria destruição.

Um homem sem estudos é um ser incompleto, pois moral e luzes são os polos de uma república, as nossas necessidades primeiras".

Continua discorrendo, grande parte da noite, sobre o assunto, lembrando que a maior herança que os "colonizadores" podem deixar para a América espanhola é, sem dúvida, priorizar a educação, embora se necessite melhorar sua qualidade e universalizá-la.

Em relação ao vizinho Império, de onde provém o capitão, em sua visão ele está muitíssimo atrás, pois não tem escolas adequadas nem universidade; ou seja, do ponto de vista intelectual, não pode haver a menor comparação entre as Américas, a hispânica e a lusitana.

Nós contamos hoje com quatro universidades, 10 grandes colégios e diversos estabelecimentos científicos, enquanto mais de 90% dos brasileiros continuam, infeliz e propositalmente, analfabetos.

As populações andinas, embora rejeitem, de todo o coração, o sistema de governo que a corte ultramarina aqui pratica, não podem deixar de reconhecer os avanços intelectuais ocorridos no caminho do progresso.

O capitão Abreu e Lima sai do jantar impressionadíssimo com a cultura e a facilidade de expressão do general Bolívar. Essa noite, especialíssima, é o início de uma grande admiração recíproca e amizade de vida inteira entre os dois militares.

Logo que inicia suas atividades no jornal conhece um jovem ativo e imberbe de uns 17 anos, que todos tratam carinhosamente por Gabito. Gabriel Ibarra Sáenz é muito esperto e seus olhos negros como duas jabuticabas estão sempre a rastrear o ambiente. É filho de um idoso ferreiro espanhol com uma jovem índia, e seu tipo físico certifica, cartorialmente, o sucesso da fusão dessas raças. Ele faz de tudo um pouco no jornal, atacando de competente tipógrafo, guarda-livros, jornalista principiante e, também, escritor e diretor nas folgas dos fins de semana, atuando em peças teatrais populares, sempre demonstrando prazer e muita dedicação.

Passam a ter uma amizade lastreada em afinidades múltiplas, inclusive ocupando a mesma acanhada e abafada saleta de trabalho. Quando o capitão Abreu e Lima se integra totalmente nos Batalhões de Libertação, propõe, com sucesso, que ele seja designado seu ordenança de campo, com o posto de soldado lanceiro de primeira classe.

É, durante toda a sua permanência nas hispânicas terras, o único confidente. Não raro, nas senegalesas horas de inclemente calor, nas pausas para a sesta, em que o capitão se embalança na rede tentando, em vão, escorraçar as temperaturas grudentas e sufocantes, seu ajudante de campo arma uma rede a seu lado, e travam animadas e longas prosas sobre tudo e todos, com Gabito invariavelmente ouvindo mais do que falando.

O capitão Abreu e Lima é, também, dono de um improvável cachorro perdigueiro tigrado e anão, notabilizado pelo binômio feiura e lealdade, de olhos esbugalhados, mesmo ao dormir, e esverdeados, com grandes orelhas caídas e o rabo felpudo qual um gato angorá, e apenas 12 centímetros de altura têm suas quatro musculosas patas; mas que viverá em permanente estado de alerta e lepidamente até os 87 anos de idade, apesar de participar valentemente de muitas batalhas, sempre ao lado de seu dono, e de só ter sofrido leves arranhões, sendo reconhecido por toda a soldadesca como mascote-militar do esquadrão, por sua ferocidade e destemor nas pelejas. Ele o ganhou de presente de Benigna, a sobrinha predileta de Bolívar, cujo discretíssimo relacionamento de quase cinco anos só foi murmurado por terceiros em seus últimos momentos; inclusive o próprio tio dela nunca teve a menor ideia do romance. O capitão anotou no diário:

A senhorita Maria Benigna tem sido o bálsamo desta minha tormentosa peregrinação nestas plagas. O anjo bom nos tempos de muitas refregas. Entretanto, ontem lhe disse, com muita dor no coração, que optei por continuar na incerta trilha das armas, em busca da consolidação da liberdade em todas as partes das Américas, e que esta não comporta sequer rápidas paradas para o amor, menos ainda casamento e filhos.

Ela, com sua bondade de sempre, me falou, com lágrimas escorrendo por seu rosto de anjo, que já pressentia, há tempos, este desfecho e me desejou êxito na empreitada, rogando para que Deus me acompanhasse.

Aproximadamente ano e meio depois, ela se casa com o médico Pedro Briceño Méndez e tem um filho, a quem batizam com o nome de José Inácio. Poucos meses depois, seu marido vem a falecer em decorrência de uma queda de cavalo, e ela contrai, algum tempo após, segundas núpcias com o provecto e respeitado advogado e professor catedrático Pedro Amestoy, tendo outro filho, Rodrigo Elísio, e se dedica totalmente à família, ao lar e à pintura, sua paixão desde sempre.

O *Correio do Orinoco* circula regularmente, com uma tiragem recorde para a época, de quase 4 mil exemplares por edição, até o dia 23 de março de 1822, cumprindo exitosamente a tarefa de informar, espraiar e consolidar, o máximo e mais longe possível, as ideias revolucionárias de Bolívar, tendo à frente o jovem capitão Abreu e Lima já como diretor-geral. Todos os homens, então, são convocados para se incorporar aos exércitos de libertação nacional, que iniciam a longa, sangrenta e necessária guerra contra os colonizadores espanhóis e seus "asseclas locais", numa potente ofensiva para criar a tão sonhada Grã-Colômbia (que será formada pelos antigos territórios do Vice-Reinado de Nova Granada, da Capitania-Geral da Venezuela, da Real Audiência de Quito, da parte norte do Peru e do sul da atual Costa Rica).

São duríssimos anos em que dois exércitos — o espanhol e o libertador — se enfrentam em sangrentos embates. As unidades lideradas por Abreu e Lima nas batalhas de Boyacá, Carabobo, Ayacucho e Porto Cabello são integradas por soldados improvisados e com escassa instrução militar, sendo adestrados, muitas vezes, somente em momentos de descanso, mas envergam um ímpeto guerreiro ímpar, pois sabem estar lutando para legar a seus filhos e netos uma pátria mais justa e, sobretudo, livre. Já o exército real é composto por soldados profissionais, praticantes da rígida disciplina da caserna, que recebem, além de ordenados razoáveis e regulares, recompensas como resultado dos costumeiros saques às povoações que apoiam os rebeldes.

São refregas encarniçadas, mas também de inovadores empregos de estratégias e táticas militares. Após acabar a pólvora dos fuzis e canhões, as espadas e lanças entram em ação, e as frequentes e temidas cargas de cavalaria, sob os furiosos acordes de clarins, e a liderança dos oficiais, com sabres desembainhados, produzem significativas baixas nos dois lados.

Na batalha de Carabobo, o tenente-coronel Abreu e Lima é gravemente ferido e, por sua coragem, o comandante em chefe do Exército Republicano, general José Antonio Páez, lhe dá de presente o próprio relógio de prata, além da condecoração alusiva à vitória, num gesto muito valorizado devido à parcimônia com que tais comendas são conferidas, bastando observar na caderneta do comando que neste embate apenas 12 medalhas são consignadas. Seu ordenança de campo, Gabito, é promovido ao fim da contenda, por ato de heroísmo, ao posto de cabo de cavalaria.

As tropas realistas dispõem de milhares de homens a mais que os insurgentes e, embora bem-treinados e bem-armados, vão sendo derrotados, de batalha em batalha, até a vitória total dos republicanos.

O dramático final, nos campos e rios de Ayacucho, se dá em um embate sangrento, no qual acontece a derrota definitiva das tropas realistas, mesmo estando em grande vantagem numérica de dois para um, ou seja, 10 mil homens para 4.200 republicanos. São capturados, ao fim do combate, a maioria dos oficiais e cerca de 2.300 soldados, além de armamento, munição e uma tropa bem-nutrida de mais de 800 cavalos. As baixas republicanas beiram os 200 homens, 18 dos quais oficiais, sendo destroçado, de vez, o melhor corpo do Exército espanhol existente nas Américas.

O abandono do Estandarte Real Espanhol no campo de batalha simboliza o fim de seu domínio naquela porção de terras americanas, e o tenente-coronel Abreu e Lima é, sem dúvida, um dos protagonistas.

À noite, em sua barraca de lona de campanha, exausto mas muito contente, antes de ir para o banquete comemorativo da vitória, oferecido ao general Simon Bolívar pelos bacharéis em direito e pelos doutores médicos, na imponente mansão que até aquela manhã era ocupada pelo coletor-geral, ele anota no diário:

As nuvens-legiões de vaga-lumes alumiavam o breu assustado que agasalhava na pré-aurora os nossos sublevados regimentos mudos e tensos, com valentes guerreiros em seus esfarrapados uniformes e portando parcos armamentos, mas com a coragem dos justos; os cavalarianos já com seus sabres desembainhados e as baionetas espetadas nos mosquetes dos infantes.

No fim desta memorável batalha, hoje vibrantemente travada, vencemos a guerra, mandando de volta para além-mar os usurpadores espanhóis e seus comparsas locais. Está, finalmente, criada a nossa tão sonhada Grã-Colômbia. O Libertador nos liderou no caminho para a Glória.

Entretanto, com a guerra civil já em gestação e, logo a seguir, as mais variadas denúncias circulando a todo vapor, é estampada uma duríssima matéria, que ocupa toda a primeira página do jornal *O Argos* na edição de 6 de setembro de 1825, com gravíssimas acusações contra o coronel Abreu e Lima. Ele é descrito como um reles mercenário estrangeiro, despreparado para ocupar as atuais funções militares, tendo, também, traído a confiança do general Bolívar por se ligar, secretamente, à sua sobrinha, objetivando, tão somente, auferir vantagens pessoais.

Assina o longo e demolidor artigo o jornalista Antônio Leocádio Gusmán, que nas entrelinhas também ataca, sem piedade, Bolívar e família. Além de exaltar a Argentina, desdenha o Brasil, ao abordar aspectos controvertidos de batalhas, há pouco ocorridas, durante a Guerra da Cisplatina, que afirma serem indignos de qualquer nação dita civilizada, e o Império brasileiro, que mais uma vez agia com a injustificável barbárie de sempre.

Três dias após a circulação da matéria, que obtém ampla repercussão regional, em encontro casual, à saída da ópera, os dois encontram-se frente a frente. Sacando as espadas, iniciam um duelo no qual o brasileiro, muito mais hábil e experimentado no manejo das armas, desarma-o e fere-lhe profundamente a face, obrigando-o a usar uma longa barba por toda a vida para esconder as cicatrizes. Num gesto elegante e humanitário, o coronel poupa-lhe a vida.

Menos de 48 horas depois, Abreu e Lima é preso, acusado formalmente de tentativa de homicídio, pois o jornalista, ao prestar queixa na delegacia, em companhia de duas testemunhas, disse estar desarmado na ocasião, tendo sido covardemente atacado de surpresa.

O coronel é então levado à corte do Conselho de Guerra, embora a desavença tivesse se dado em âmbito civil, e condenado em 8 de dezembro a cumprir seis meses de cárcere em Bajo Seco, numa desolada guarnição entre o lago de Maracaibo e a cordilheira dos Andes, na Venezuela.

Logo que chega àquela unidade militar, ele redige e encaminha uma petição de retirada do serviço militar ativo, tal a revolta que lhe causa a injusta condenação, ainda mais que o presidente do conselho é o coronel Alfredo Lopes Gusmán, primo-irmão da suposta vítima e seu desafeto de anos.

Cumpre a pena resignadamente, mantendo-se estoicamente durante todo o período aproveitando o tempo de que dispõe para ler, e muito, os clássicos italianos e os esparsos mas copiosos escritos de Bolívar.

Em meados de 1828, já como coronel da reserva, e lecionando matemática no Liceu de Ciências e Letras, o mais importante colégio de nível médio de Bogotá, recebe uma aflita carta de Bolívar, com o timbre de confidencial e urgente, incumbindo-o de preparar um completo dossiê sobre sua vida pública, que possa ser usado para defendê-lo, principalmente na Europa, dos muitos e duríssimos ataques que ultimamente lhe vêm sendo feitos, acusando-o de tirania, capitaneados pelo respeitado intelectual suíço Benjamin Constant.

De imediato aceita a nova missão, retornando ao serviço ativo do Exército, mantendo a patente de oficial superior, e dando início ao *Resumo histórico da última ditadura do Libertador Simón Bolívar*. O foco do alentado e meticuloso trabalho são as questões político-militares, ocorridas a partir de 1826, na então Grã-Colômbia, que passa por diversas turbulências, levando-a à fragmentação e propiciando o surgimento de novos países andinos, além de enterrar, para sempre, o sonho bolivariano de um projeto nacional unitário, fraterno e possante.

Em centenas de páginas o coronel Abreu e Lima busca demonstrar que o Libertador está sendo injustamente acusado de autoritário e de querer se perpetuar no poder. Recorrendo a Maquiavel, recorda que, se o "Príncipe" fosse ambicioso, desejaria um Estado desorganizado e corrompido, ao contrário do que Bolívar sempre buscou: um Estado forte, organizado e centralizado, lastreado nos sopros liberais que arejam as fisionomias nacionais — a independência norte-americana, em 1776, a Revolução Francesa, em 1789, e as modificações no controle colonial, pós-invasão napoleônica, na península Ibérica.

Procura embasar, teoricamente, as assertivas nos ideólogos europeus Montesquieu, Descartes e Bacon, que estudou exaustivamente nos tempos em que cursava a Academia. Ele frisa que a instabilidade política é o maior de todos os problemas da Grã-Colômbia, e que aquele estado de anarquia é a faceta mais visível das ambições desmedidas das elites regionais, que o Libertador tudo fez para evitar aquele efervescente, envenenante e constante estado de guerra civil, o qual, além de fragilizar o governo central, desmonta de vez as instituições públicas e arruína a economia local.

O general Bolívar, segundo ele escreve, trabalhou incansavelmente como governante e magistrado, com exemplar equilíbrio, buscando sempre o bem comum. Lamentavelmente, seu exemplo não foi seguido pelas elites, militares ou civis, e talvez a única saída para reverter o quadro, já caótico, fosse a implantação de um regime monárquico. Mas o Libertador tem ojeriza a essa hipótese e a descarta, comprovando, mais uma vez, seu elevado espírito democrático e conciliador. Cita uma passagem, por ele próprio presenciada, quando líderes do Legislativo local o procuraram com essa proposta, tendo o general respondido: "Eu não sou Napoleão, nem quero sê-lo. O título de Libertador é superior a todos que o orgulho humano já recebeu, portanto é impossível degradá-lo".

No texto transparece seu inflexível posicionamento sobre a necessidade da manutenção da unidade grã-colombiana e total fidelidade, sem qualquer reparo, ao ideário bolivariano, descrevendo com riqueza de detalhes os fatos narrados e validando-os com o apoio de alentada documentação comprobatória.

O chamamento para que ele, um brasileiro, conduza a defesa de Bolívar demonstra a imensa confiança que nele é depositada e a convergência absoluta que comungam sobre os aspectos doutrinários e operacionais atinentes à Grã-Colômbia.

O Libertador fica satisfeitíssimo com o teor do resumo, tendo declarado a oficiais de sua intimidade que "nenhum outro militar conseguiria produzir um texto de igual densidade e qualidade".

Não só o recompensa financeiramente, ainda que frugalmente, como é de seu feitio, mas vai além, ao constatar que a pena do coronel Abreu e Lima produziu uma obra-prima sobre o ideário bolivariano, o estado atual da Grã-Colômbia e tudo que foi encetado de mais significativo para preservá-la. Determina ao presidente da Colômbia, general Rafael Urdaneta, a emissão de um decreto maior promovendo-o ao posto de general de brigada, chancelando, assim, seu ingresso no generalato, a maior honra almejada por um oficial-combatente.

Ao deixar de vez a vida pública, algum tempo depois, abatido e desiludido pela recusa do Congresso de Angostura a aprovar suas ousadas, e mesmo visionárias, propostas para a educação popular de massa e a criação de um poder moral, que teria a função de fiscalizar os demais, bem como pelo esfacelamento do sonho integracionista, e após escapar ileso de uma tentativa de assassinato e ver o maior amigo e virtual sucessor, o general Sucre, ser covardemente tocaiado e morto, parte para um autoexílio na própria Colômbia e, num segundo momento, pretende ir-se, em uma fragata, para a Europa, buscando restabelecer-se física e espiritualmente, para retomar, adiante, sua luta.

No início de uma sufocante e chuvosa tarde, no dia 17 de dezembro de 1830, pela hora da sesta, morre Bolívar, que entrou para as hostes libertadoras jovem e rico (foi senhor de vários engenhos nos vales do Arágua, de centenas de léguas de terras férteis em San Mateo e dono de considerável fortuna em moedas e barras de ouro e prata) e acaba muito pobre, frustrado e acometido de tuberculose (ironicamente, a mesma doença que vitimara seus pais).

Cerrou de vez as pálpebras numa velha e puída rede, em uma modesta e rústica fazendola, a quinta San Pedro Alejandrino, que lhe emprestara um amigo de infância, nos arredores da localidade de Santa Marta, às bordas do Caribe, cercado por poucos e leais oficiais, entre eles o militar brasileiro.

Logo após o enterro, o general Abreu e Lima escreve no diário, sucinta e melancolicamente:

Libertador: eu lhe era tão afeiçoado que me bati pelo senhor como se fora meu próprio pai, e não o meu chefe. Carabobo, onde derramei meu sangue, Savana de Guarda, Porto Cabello e outros rincões viram-me sempre de lança em riste, como o mais simples campeiro, porque o senhor sempre foi tudo para mim nestas andinas paragens.

Descanse em paz, meu chefe e amigo. Hoje nossa pátria ficou, para sempre, com o céu sem a sua maior e mais brilhante estrela.

O Retorno Forçado

Poucas semanas após a posse do novo ministro da Guerra, general José Maria Obando, é expedido um decreto presidencial, na madrugada de uma terça-feira, dia 9 de agosto de 1831, expulsando da Colômbia todos os oficiais estrangeiros, engajados na saga integracionista, oriundos de 14 diferentes nações, e mesmo os ali nascidos que permaneceram fiéis a Bolívar.

De pronto o general Mariano Montilla, comandante-geral do Departamento de Madalena e chefe imediato do brasileiro, pressentindo que chegava a hora de seu amargo regresso ao Brasil, redige e firma, com o timbre de seu quartel-general, a Certidão de Relevantes Serviços Militares Prestados à Grã-Colômbia, de 1818 a 1831, atestando suas virtudes profissionais:

Atesto, para os devidos fins, que o general de brigada José Inácio de Abreu e Lima serviu à Grã-Colômbia, do posto de capitão ao que atualmente exerce, com distinção, bravura e honra.

Foi ferido, com gravidade, na batalha de Carabobo e integrou a pequena comitiva que acompanhou S. Excia. o Libertador Simón Bolívar em seu retiro, ficando a seu lado até os derradeiros instantes.

Serviu com inigualável lealdade e competência aos mais ilustres chefes militares da pátria, os Excelentíssimos Senhores Generais Bolívar, Paéz, Sucre, Soublete e Urdaneta, tomando parte nas principais batalhas travadas para a libertação da Grã-Colômbia: Boyacá, Carabobo, Porto Cabello e Ayacucho, se portando, sempre, com competência, intrepidez e heroísmo, tendo galgado, sucessivamente, do posto de capitão ao generalato.

Pelo seu ímpar desempenho, foi distinguido com as medalhas de Boyacá, Carabobo, Porto Cabello e a de Libertador da Venezuela, tendo estado comissionado em importantes funções militares, sempre se saindo admiravelmente bem, recebendo elogios constantes por parte dos seus superiores hierárquicos e reconhecimento por seus comandados, tendo representado, também, a Grã-Colômbia, em reservadas missões especiais, junto aos governos dos Estados Unidos da América e do Peru, com honradez pessoal sem limites e desinteresse material inimitável.

Nos vários comandos por ele exercidos, conduziu-se com profissionalismo, firmeza e prudência, recebendo a mais alta de todas as distinções militares: Benemérito em Grau Heroico e Eminente da Pátria Grã-Colombiana.

Nos acontecimentos políticos que vivenciou, portou-se com firmeza de caráter e nos três anos e meio que serviu sob minhas ordens diretas, no Departamento de Madalena, desempenhou importantes missões com muito êxito. Sua conduta foi sempre pela República da Grã-Colômbia, e pautada por lealdade, firmeza e honradez. Foi um dos chefes militares que mais mereceram, em todas as épocas, a minha particular confiança, amizade e estima, bem como a do governo que represento.

A certidão é numerada e firmada na cidade de Cartagena das Índias, no dia 24 de abril de 1831.

Após receber o documento, ele anota no diário algumas observações, ainda que de forma sintética, sobre seus generais-comandantes:

General Simón Bolívar — *O defendi com minha espada e minha pena, aprendendo com ele que apesar de muitos reveses os sonhos libertadores sempre valem a pena. Foi o meu maior chefe e eu tive o privilégio de ser seu chefe de Estado-Maior no Departamento de Madalena e busquei protegê-lo até seus derradeiros momentos, em Santa Marta.*

Até o fim ele se mostrou coerente, defensor intransigente da liberdade, das causas sociais, da democracia e foi, sem dúvida, o precursor do anti-imperialismo em nosso continente.

General José Antônio Paéz — *Foi fundador da Venezuela e seu presidente. Liguei-me a fundo a este chefe militar, cuja esposa Bárbara me tratou como a um próprio filho, quando estive quase à morte em Maracay. Veio de uma família muito pobre e do interior, e teve uma carreira meteórica, unicamente por seus méritos pessoais, passando de soldado a general em apenas seis anos. Servi com ele em Boyacá, Carabobo, Queceras del Médio e Porto Cabello e fui por ele promovido a tenente-coronel e, depois, a coronel.*

General Carlos Soublette — *Fui seu chefe de Estado-Maior, depois da batalha de Boyacá, percorrendo então o Norte e o vale do Apure e, também, o Oriente. Ele foi ministro da Guerra de Bolívar e presidiu depois a Venezuela. Era um talentoso e ilustrado chefe e fui honrado em ser por ele requisitado para servir, tempos depois, em Carabobo.*

General Rafael Urdaneta — *Lutou pela independência de vários países e foi presidente provisório da Colômbia, cargo que ofereceu a Bolívar e este recusou. Tive o privilégio de ter sido promovido por ele, a pedido de Bolívar, ao posto de general de brigada da Grã-Colômbia. Fui seu chefe de Estado-Maior no Departamento de Zulia.*

General Antônio José de Sucre — *O mais ilustre dos imediatos de Bolívar e tido, por todos, como o seu virtual sucessor, por suas muitas afinidades e, também, por seu inquestionável brilho; foi o Libertador do Equador na Batalha de Pechincha e, também, do Peru em Ayacucho, onde estive sob suas ordens diretas. Era um ano mais novo do que eu e foi um militar seteníssimo e sóbrio, atuando sempre como mediador e conselheiro de seus pares. Foi presidente da Bolívia e assassinado, aos 35 anos, nos embates da guerra civil que resultou na separação da Colômbia da República da Grã-Colômbia.*

General Mariano Montilla — *Foi meu último comandante no Departamento de Madalena, onde exerci as funções de chefe de seu Estado-Maior. Foi o general de divisão que atestou oficialmente os serviços militares que prestei. E, através de seu assistente, nesta manhã, recebi o honroso atestado, além de um vistoso par de estribos de prata, que era do seu uso pessoal, um presente que muito me emocionou.*

General Francisco de Paula Santander — *Comandou-me em Boyacá, e fui por ele condecorado por bravura nesta batalha. Recebi de suas mãos a Medalha de Ouro com Passador de Prata e a Esmeralda de Muzo. Foi, durante anos e anos, o principal colaborador de Bolívar na estruturação da Grã-Colômbia. Na guerra civil que resultou no esquartejamento da mesma, rompi com ele e ficamos em campos opostos. Foi vice-presidente da Colômbia separada.*

Às oito e meia de uma noite chuviscante e solenemente desestrelada, à paisana, o general sai para o último jantar bogotano, rumando para a Taberna Andina, rústico e correto restaurante, meio lúgubre, mas que serve uma boa comida e um vinho honesto. Pepe, o proprietário, é seu conhecido há alguns anos. Originalmente construído para ser uma loja de tecidos, foi comprado por seu irmão mais velho uns 20 anos antes e se transformou em uma cantina familiar e popular, inicialmente, e uns tempos depois, após apurar as receitas e a carta de vinhos e se associar a um ótimo cozinheiro andaluz, firmou-se como um dos bons e recomendados restaurantes da capital.

O ambiente é simples e aconchegante, com poucas mesas e cadeiras escuras, pesadonas, sóbrias e paredes quase sem enfeites, as prateleiras repletas de garrafas de vinho e conhaque, e sobre o maciço e sisudo balcão de madeira jarras-d'água, travessas de muitos tamanhos e formatos, cumbucas para servir sopas, pratinhos com fatias de presunto ibérico e outros tira-gostos, além do inconfundível e penetrante aroma dos temperos à base de alho, orégano, coentro, pimentas diversas, cebolas e ervas que chegam da cozinha.

Ao avistá-lo, o taberneiro abre o largo sorriso, com o bom humor que é sua marca, conduzindo-o a uma mesa que reservou, com quatro cadeiras, perto do janelão que dá para a praça Maior, que é o local predileto de contemplação do amigo brasileiro.

Naquela noite ele o acompanha e tudo é por conta da casa, em homenagem aos velhos tempos, já que Pepe é um veterano terceiro-sargento-corneteiro e lutaram, lado a lado, nas batalhas de Boyacá e Carabobo. Brindam ao sonho da Grã-Colômbia, ao Libertador Simón Bolívar, e o taberneiro faz uma terceira e especial saudação, já de pé, no que é acompanhado por todas as 20 e poucas almas ali presentes: ao general brasileiro Abreu e Lima, herói da pátria grã-colombiana. A seguir comem o perfumado e saboroso guisado de cordeiro com legumes e tomam umas corretas canecas de vinho espanhol, tinto seco da Rioja, arrematando, então, a refeição com um cálice do ótimo Jerez Lepanto.

Lá pelas 11 da noite o general se despede, agradece e sai para a praça, a esta altura bem mais fria e doloridamente desértica. Faz uns 11, 12°C, e ele, antes de voltar à pensão em que está hospedado, resolve dar o derradeiro passeio noturno, andando por lugares que o marcaram, olhando para aquele casario que já se tornou tão familiar e que abriga, generosamente, pouco menos de 35 mil pessoas, embora esteja muito castigado. Rememora que, primeiro, foi o grande terremoto de 1812 a arrasar quase toda a cidade e, a seguir, os mais de 10 anos daquela insensata e tremenda guerra civil, que complementa com mestria os muitos estragos.

A capital se recupera lentamente, lambendo as muitas feridas — ela que já fora descrita como o mais belo exemplar, pronto e acabado, de uma cidade europeia em todo o continente meridional.

Olha, a seguir, para o espraiado e rendilhado maciço montanhoso, de que tanto gosta, totalmente encoberto pelo breu da noite, que também agasalha, ternamente, a edênica e gulosa natureza tropical. O perfume dos muitos e enfileirados laranjais floridos que arborizam alegremente os caminhos daquela capital invade docemente o trajeto, enquanto anda meio absorto e devagar pelas ruelas de pedras arredondadas e irregulares, já quase desertas, com o desmaiado casario antigo, peculiar e de planta baixa, embora com elevados e generosos pés-direitos.

Detém-se, por alguns instantes, para recuperar o fôlego, ao chegar ao alto da longa e íngreme ladeira que dá no largo da Porta do Sol, com o solene pórtico, bem no coração da cidade, espaço outrora cravejado de casinhas populares e indígenas, hoje repaginado por mansões e palácios. A área é identificada pela inconfundível Matriz do Sagrado Espírito Santo, igreja exteriormente despojada e conformada por alvas paredes descomunalmente largas, altas e bastante maltratadas, estando placidamente fincada no fim da antiga rua da Selaria. Lá ele comungou, todos os domingos, anos a fio, durante o período em que ali viveu e é onde também se encontra o sólido prédio de dois andares, com o característico estilo clássico espanhol, a abrigar, orgulhosamente, a imponente Biblioteca Nacional. Esta contém um excepcional e riquíssimo acervo, certamente o maior e melhor de toda a sul-América, e teve naquele oficial brasileiro um dos mais assíduos frequentadores. É pintada com tons alaranjados e as avantajadas portas e janelas ostentam uma tintura ocre já esmaecida, ficando a poucos metros do Obelisco da Liberdade, monumento esteticamente muito simples, até simplório, mas bastante alto, esbelto, esverdeado e significativo, com a ponteira dourada, erguido pela comunidade bogotana em comemoração à triunfal entrada de Bolívar naquela capital, bem como a consolidação política da Grã-Colômbia, por ele tenazmente conduzida.

Continua a caminhada, passando, momentos depois, por um grupo de homens, de baixa estatura, em trajes humildes e com típicos e populares chapéus de palha, que deviam estar vindo das lides do campo, a andar mudos e pensativos. Lembra-se dos soldados no fim das batalhas, ao voltarem alquebrados à caserna, mas logo vislumbra a escadaria da pensão, entra e se recolhe para uma noite de abissais insônias e muitíssimas recordações doloridas, que insistem em permanecer congeladas em suas retinas, em cores e com riqueza de detalhes.

Ao chegar a seus aposentos, abre o diário e anota:

Uma das jornadas de que irei, certamente, mais sentir falta serão as minhas domingueiras idas à Matriz para ouvir a palavra do Senhor e refletir sobre a vida e o próximo, assim como as sempre longas e estimulantes conversas com o padre Ovídio González, um caridoso intelectual que também exerce, há anos, a vice-reitoria da universidade católica e que já publicou 16 livros sobre direito canônico.

Lembro-me, nitidamente, da primeira vez que lá pisei e do deslumbramento que senti ao deitar os olhos pelo seu interior. O notável revestimento do teto, em abóbada dupla e completamente vestido de azulejos, finamente pintados com motivos medievais e decorado caprichosamente com pedras pequenas e médias, conchas, cacos de porcelana e vidro de cores diversas. Nas paredes os elementos decorativos com motivos naturalistas, as vistosas armas reais de Espanha e as cinco chagas de Cristo, complementadas com mais azulejos, geometricamente dispostos, nas cores verde, bege e branco. No chão da nave estão sepultados todos os párocos da igreja, desde sua construção, e o piso é conformado por lajotas de um mármore leitoso, bastante gastas e encardidas pelo tempo. Os sete preciosos e inspirados vitrais, que vieram de Nuremberg, complementam aquela atmosfera absolutamente mística e mágica, com uma profusão de imagens sacras, seu altar em alabastro e pedra calcária negra e dispostas sobre o mesmo peças filigranadas das ricas ourivesarias espanhola e lusitana, dos séculos XVII e XVIII, onde pontificam dois largos, altos e maciços candelabros barrocos, em prata de lei.

Os bancos são de madeira acanelada, com um estilo neogótico, e a imagem mais excepcional é, sem dúvida, aquela fixada atrás do altar, o Cristo crucificado em marfim, esculpido em peça única e tamanho natural.

Sim, sentirei falta deste espaço e de seu sábio pároco, muito meu amigo, dom Ovídio, que volta e meia reúne poetas, músicos, pintores, advogados, gramáticos e escritores da capital em animadas tertúlias e alegremente repete que estamos tecendo a Atenas da Sul-América...

Ouve, horas mais tarde, um pouco antes da alvorada, o galo cantar afinado e potentemente diversas vezes e se recorda das despreocupadas madrugadas no engenho de Casa Forte, onde o inconfundível aroma do café lentamente borrifava todos os cômodos, e os primeiros barulhos das labutas diárias espancavam o silêncio da noite, que já ia ficando bem lá para trás.

Segunda Parte

＃ O General Vai Saindo de Cena

Aos 75 anos de idade, a 8 de março de 1869, segunda-feira, ao fim de uma manhã desbotada, tristonha e estorricante, lá pelas 11 e pouco, o general Abreu e Lima morre na modesta casinha branquela, meio sem graça, com janelas e portas azul-celeste, e de pau a pique, no bairro de Casa Amarela, no seu Recife sempre amado, tendo por única companhia e testemunha daqueles derradeiros momentos a cozinheira e amiga dona Quitéria das Chagas Vieira, que ele carinhosamente trata por doninha Quica.

Chega ao fim da existência dolorosamente só, adoentado e com parcas posses, mas até os últimos instantes ele esteve, como sempre, envolvido nas mais diversas polêmicas.

Morre placidamente, sentado na cadeira de palhinha defronte à sua desarrumada escrivaninha e segurando, com as duas mãos, o crucifixo e a corrente de prata que recebeu do pai, naqueles momentos finais em que este era conduzido para o pelotão de fuzilamento em Salvador. De um lado havia o tradicional Cristo na cruz e do outro os dizeres que nortearam, também, toda a sua vida de sonhos, sangue, trancos e barrancos: PER ARDUA AD ASTRA ("Pelas dificuldades alcançamos as estrelas").

Mesmo depois de enterrado, ainda suscitaria acaloradas discussões... No Recife, na corte, em Salvador, Lisboa e Caracas. Nas assembleias, nos jornais, nos palácios, nos quartéis e nas igrejas, católicas ou protestantes.

Ele, que sempre foi um homem assumidamente solitário, ficaria surpreso ao ver que, embora morto e sepultado, conta com um improvável mas comprovado e extenso séquito de admiradores, em grande parte muito humildes, mas igualmente vários ilustres membros da sociedade pernambucana e brasileira, que comungam integralmente a visão de um mundo genuinamente igualitário.

Nos merecidos silêncios das noites da última década de vida, deleitou-se com a contemplação das orvalhadas madrugadas de intensas frouxidões ociosas, em que rememorava as diversas andanças, com adequadas e, às vezes, exageradas e nostálgicas pitadas de pormenores, continuando a praticar a arte do compromisso com o próximo.

Num daqueles finzinhos de tarde, como de costume, coloca a confortável espreguiçadeira de lona listrada em frente da mureta de casa para tomar a fresca. Ao vislumbrar um grupo de penitentes que caminha silenciosamente e contrito, do outro lado da calçada, lembra que, embora haja consideráveis conflitos em sua querida província, também há muita arrelia e bastante espaço para as mais inusitadas procissões dos pitorescos e divertidos personagens que, certamente, só brotam com o devido viço naqueles torrões ressequidos e amarronzados: são os coronéis, com seu poder, real ou imaginário, ternos imaculadamente brancos, chapéus-panamá e relógios suíços ou franceses, com ostentantes correntes de ouro ou prata; os senhores de engenho e dos extensos latifúndios ornados por muitos escravos e milhares de empilhadas e imponentes sacas de açúcar; os sempre reverenciados, fundamentais e escassos beatos, tidos e havidos como salvadores de almas; os onipresentes, adulados e aduladores, mas essenciais, cabos eleitorais; as milagrosas, estimadas e festejadíssimas benzedeiras, desfazedoras dos quebrantos, com patuás, rosários e pinhões-roxos; os convincentes e invejados mascates, com as muitas bugigangas e tecidos finos, tropas de burros, truques e sotaques dos mais variados; os sempre temidos senhores (bandidos) do cangaço, portando altiva e por vezes ameaçadoramente afiadas peixeiras e paus de fogo; e, finalmente, os intérpretes das genuínas alegrias populares, que se fazem presentes por meio dos coloridos bumba meu boi, maracatus e outras folias, não podendo ser esquecidos, jamais, os humildes, sonoros e criativos tocadores das mais preciosas e inspiradas partituras, com rústicos e inconfundíveis pífaros.

Poucos dias antes de seu passamento estará metido em mais uma pendenga, e de alta voltagem, com o bispo de Olinda, dom frei Francisco Cardoso Ayres, religioso bastante jovem, algo impetuoso, e um pouco alheio ao que verdadeiramente se passa naquela província, pois assumiu a diocese poucos meses antes, depois de ter estado por cinco longos anos estudando em terras irlandesas.

No dia seguinte à sua morte, bem cedinho, às cinco da manhã, e ignorando solenemente as recomendações eclesiásticas superiores, o padre franciscano Josué de Assis, companheiro de estudos dos já empoeirados e distantes tempos do seminário de Olinda, celebra uma missa na intenção de sua alma, na qual exalta as virtudes e o compromisso com Deus por parte do finado.

O capuchinho fala da trajetória exemplar, nascido filho de usineiro, de uma família muito bem-posta, chegando até os derradeiros dias de vida do general. Lembra sua grande frugalidade, passando pelos bons tempos que tiveram juntos no seminário, o compromisso com a verdade e com as ideias libertárias, tanto em sua pátria quanto em terras vizinhas, a sobriedade pessoal, a discrição e o comedimento, e o total destemor em assumir posições, ainda que isso viesse a lhe trazer toda sorte de problemas, inclusive prisões durante razoáveis temporadas.

Finaliza enaltecendo que, a despeito da raquítica monta de que dispunha para a subsistência cotidiana, jamais ninguém o ouviu queixar-se de suas vicissitudes pessoais.

Embora a missa tenha contado com menos de duas dezenas de fiéis e sido realizada em uma desimportante igrejinha, frequentada, quase sempre, por pessoas humildes, a Capela de Santa Marta dos

Penitentes, lá nos cafundós do Recife, o bispo, ao tomar conhecimento da realização da mesma, fica indignado com a afronta à sua autoridade e transfere, no mesmo dia, o pároco indisciplinado para a freguesia de Irará, distante e diminuta localidade no alto sertão baiano, "como punição exemplar para tal falta gravíssima daquele sacerdote rebelde".

Andanças pela Corte e pelo Recife

Desde o momento em que aporta no Rio de Janeiro, aqui vivendo por 13 movimentadíssimos anos, o general Abreu e Lima desempenha as mais diversas atividades políticas e intelectuais. Depois, já definitivamente reintegrado ao dia a dia do seu Recife natal, imanta, sempre, conturbados episódios dos mais variados tamanhos e formatos, quase sempre com oponentes de peso, sejam acadêmicos, políticos, clérigos, militares, jornalistas ou intelectuais.

Poucos meses após chegar à corte encontra-se, por acaso, na esquina da rua do Lavradio, ao sair de uma palestra na Tipografia Universal, que ali funciona no número 53, com dois contemporâneos dos tempos da Academia, o tenente-coronel Alberto Torres de Miranda e o major-engenheiro Manuel Douradinho, este já reformado, que muito o estimam, mas se dizem decepcionados com seu rápido alinhamento político aos conservadores, "que se encastelam, para manter as regalias de sempre, no Partido Caramuru".

O general lhes responde, tranquilamente, que vê no imperador a única força capaz de manter a coesão da pátria e que é uma insensatez absoluta passar pela cabeça de um verdadeiro patriota o fim da monarquia constitucional, nesta quadra da vida do país, em que a sociedade nacional ainda engatinha, e que isso fraturará, de vez, a já tão debilitada unidade territorial. Diz-lhes ainda que, embora tenha combatido o regime monárquico na Grã-Colômbia com todo o empenho, inclusive derramando o próprio sangue, a situação do Brasil é bastante diferente e o trono dos Braganças, neste instante, por ser legítimo, constitui o único fiador possível de um sistema imperial constitucional, que adiante poderá, e até deverá, evoluir para formas mais adequadas e modernas de governo.

Tudo a seu tempo e a sua hora, meus prezados camaradas; nestes instantes sou somente mais um soldado raso a defender, com minha modesta pena, o retorno de d. Pedro I, e me sinto como um brasileiro assumidamente adversário deste medíocre e cínico governo regencial, exercido com imperícia pelos seus correligionários liberais moderados. Já vivenciei semelhante situação, há pouco, e senti na carne o que é uma guerra civil, aniquilando irmãos e, depois, a própria nação. Por isso me filiei à corrente absolutista e nela fico, até o fim, pois tenho em mim que d. Pedro I é o mais leal aliado do despotismo esclarecido iluminista, tal qual igualmente foi o Libertador Simón Bolívar.

Embora os militares não tenham ficado nada convencidos com tal argumentação, sempre viram nele um homem correto, de princípios, defensor do melhor para o país. Baixando o tom de voz, convidam-no para ingressar em sua loja maçônica, a Grande Oriente, e trabalhar pelo futuro da nação, independentemente de seu posicionamento político-partidário, tendo ele aceito com genuína satisfação.

Dias depois recebe uma carta de sua mãe, dona Lulu, avisando-lhe que o presidente da província de Pernambuco revogou a apreensão dos bens de seu pai, que agora voltam a pertencer a ela e aos quatro filhos. Diz, também, que o engenho está muito maltratado, a sede com problemas nos telhados e nos banheiros, praticamente sem mobília, cupim por toda parte e de há muito sem qualquer manutenção. O pomar se acha com mato alto, sem zelo, e muitas árvores morreram. As plantações de cana estão abandonadas, com capim e ervas daninhas. Os animais foram quase todos vendidos, só restando dois velhos jegues e algumas galinhas caipiras. As demais construções estão em ruínas e, das seis pontes, só duas ainda resistem. Até a capelinha está uma judiação, toda mofada e com jeito de que não é aberta há anos, as paredes cheias de rachaduras, o altarzinho desabado. Dos 38 escravos que trabalhavam lá, somente cinco foram localizados, e três destes estão idosos para as lidas do campo. Os demais foram vendidos para fazendeiros das províncias da Bahia e de Minas Gerais, e o jeito é labutar com meeiros e buscar agregados para tocar as lavouras. Dona Lulu termina dizendo que ela e seus filhos vão arregaçar as mangas e voltar a fazer do engenho de Casa Forte uma das boas propriedades do Recife, e que o antigo quarto está à sua espera.

O general responde agradecendo as notícias, mas abrindo mão da parte que lhe cabe, em favor dos irmãos, pois eles têm mulher e prole, necessitando bem mais. Diz, ainda, que as autoridades locais nada mais fizeram do que cumprir sua obrigação devolvendo-o e lamenta o estado deplorável em que recebem o engenho, encerrando dessa forma, e para sempre, o assunto em sua vida.

Ao trocar a espada pela pena, continua duelando, só que agora em solo pátrio, e produz uma cortante obra, extensa, fecunda, original, turbulenta e muitíssimo festejada ou contestada, dependendo de quem a examine, calcada na história do Brasil e em estudos políticos, sociais e religiosos.

Sua reentrada em cena na corte se dá sob a roupagem de jornalista, trabalhando com a disposição, a combatividade e a verve costumeiras. Primeiramente atua no periódico *Torre de Babel*, em 1832 e pelos três anos seguintes, defendendo ardorosamente o retorno de dom Pedro I ao trono. Um ano após se liga, também, "profunda e apaixonadamente à Sociedade Conservadora da Constituição Brasileira", organização na qual se sente inteiramente à vontade, pois esta é quase totalmente composta por militares, muitos deles antigos colegas de farda da Academia, e objetiva combater, sem trégua, os que dão sustentação política à Regência. Angaria, na empreitada, adversários temíveis e poderosos, como o jornalista Evaristo Ferreira da Veiga e o cônego Januário da Cunha Barbosa, com os quais trava duríssimos embates por intermédio de acusações em panfletos, jornais, palestras, folhetins e cartas durante muito tempo.

Também escreve, e muito, sobre os mais diversos assuntos daqueles tempos, com textos ora insossos, ora saborosos, angariando simpatizantes e adversários aonde chegam os exemplares da nascente imprensa periódica e militante — *Mensageiro Niteroiense*, *Arca de Noé*, *O Maiorista*, *Nova Luz Brasileira* e *Raio de Júpiter*. Promove, assim, as mais diversas escaramuças estético-doutrinárias e literárias, buscando, como é de seu feitio, romper a quietude modorrenta daquela sociedade pedante, de parcas luzes, mas com as elites abundantemente altivas, preconceituosas e bajuladoras.

Algum tempo depois de fixar residência em uma longínqua e gulosamente arborizada chácara, com um pequeno, luxuriante e bem-cuidado arboreto tropical, localizada lá nas bordas de São Cristóvão, bairro onde está concentrada a corte e os bem-postados agregados oitocentistas, recebe autorização formal por parte do Império brasileiro para usar o título de general de brigada, uniforme militar e as condecorações obtidas na Grã-Colômbia, algo bastante incomum até para aqueles idos. A Regência reconhece, assim, publicamente, sua condição de valoroso soldado que se dedicou, de corpo e alma, ao protagonismo libertário em terras vizinhas, na América espanhola, tanto que emite um decreto objetivando "conceder-lhe a faculdade para envergar o posto militar, as comendas e outras distinções amealhadas e outorgadas por diverso sul-americano governo".

Mas em seu caminho, na província de Pernambuco, no ano da graça de 1848, eis que, novamente, explode outra revolução, a Praieira, de caráter popular e insurrecional. Ele se vê no olho do furacão, pois o mais querido e próximo de seus irmãos, Luís Roma, é um de seus articuladores e líderes. Além de redator principal das revoltosas publicações, é o dono da tipografia da qual saem as subversivas, exaltadas e constantes proclamações, num estilo contundente e abrasador, bem ao gosto da família Roma.

Novamente o general se envolve, sendo rapidamente preso e, desta vez, sentenciado sumariamente à prisão perpétua na ilha-presídio de Fernando de Noronha. Cumpre dois anos de detenção e tem de responder a dois longos e humilhantes processos, mas é perdoado pelo presidente da província em decisão de caráter estritamente pessoal e humanitário, levando em conta o histórico de herói da Grã-Colômbia.

Embora ele seja favorável aos objetivos do levante, busca convencer, sem sucesso, seus familiares e conterrâneos de que não devem partir para a luta armada, pois acredita que possam desestabilizar a já esgarçada unidade nacional, como ele tristemente observou e vivenciou, pouco tempo antes, na Grã-Colômbia.

Logo no alvorecer do movimento seu irmão é gravemente ferido na cabeça e no peito, em uma emboscada de soldados dos destacamentos legalistas, ao chegar para um encontro conspiratório na vila de Santo Antão. Vem a falecer três meses depois, deixando o general com "um segundo e definitivo rombo no coração já tão judiado".

Com o sufocamento da Praieira findam, melancolicamente, as mais de 20 rebeliões regenciais. Têm início, porém, grandes dificuldades e instabilidades na condução do Reinado, com frequentes rodízios ministeriais em curtíssimos períodos, possibilitando, assim, um permanente espírito de anarquia, motivado pelos cambiantes sopros dos ventos da política nacional.

Depois de mais esse dramático período de grandes provações, e já devidamente anistiado e muito mais calejado, o general Abreu e Lima resolve voltar a se dedicar ao jornalismo e mais intensamente ainda aos livros. Ele se vale de sua cultura e vivência, buscando consolidar os pensares numa copiosa e poliprismática obra literária, que reinicia logo que chega à corte e que pode ser aquilatada pelos milhares de páginas já então disponibilizadas e pelos muitos títulos: *Bosquejo histórico, político e literário do Brasil* (1835), *Compêndio de história do Brasil* (1843), *Synopsis ou Dedução cronológica dos fatos mais notáveis da história do Brasil* (1845), *História universal — desde os tempos mais remotos até nossos dias*, em que relata os acontecimentos mais notáveis em todas as épocas e os feitos mais célebres de todos os povos (volumes 1 e 2, 1847).

Compêndio de história do Brasil, escrito ainda na corte, torna-se uma de suas publicações mais conhecidas, e também questionadas, concebido que foi "para uso da mocidade brasileira" e dedicado "ao muito alto, muito poderoso SENHOR D. PEDRO II Imperador Constitucional e Defensor Perpétuo do Brasil".

Ele o estrutura para possibilitar a junção e a organização da maior quantidade possível dos fatos que considera relevantes, com base em "uma muito exata dedução cronológica". O general ingressa, com a publicação, no seleto grupo dos precursores da historiografia nacional, motivado que está em ofertar o compêndio, redigido com olhar brasileiro, para uso dos alunos do Imperial Colégio de D. Pedro II. Assim, ele espraia os diversos capítulos, que começam no descobrimento do Brasil e chegam à coroação do segundo imperador, dom Pedro II, em 1841, encadeados em 456 páginas numa narrativa nem sempre viva e agradável, com muitos altos e baixos, mas que se desenrola como ele planeja e é "voltada primeiramente ao alunado do meu amado país".

Embora tenha sempre deixado bastante claro que esse trabalho se serviu de recopilações, mesmo cópias, extratos, e se valeu, igualmente, de obras fecundas de outros estudiosos, e não ter nem de longe a presunção de tecer uma composição inteiramente original, assumindo, em diversas passagens, "que de sua própria lavra o mesmo ostenta alguns diminutos mas sinceros escritos", é envolvido por uma longa teia de invejas, intrigas e maledicências.

Ele vê a obra ser duramente criticada, chegando ao extremo de grande parte merecer a pecha de plágio por Francisco Adolfo de Varnhagen, indicado para avaliá-la pelo Instituto Histórico e Geográfico Brasileiro, que ironicamente tem entre os sócios o próprio autor. Instala-se, de pronto, uma grande polêmica sobre os méritos do livro, liderada e fomentada nos bastidores pelo temido e poderoso secretário perpétuo do instituto, cônego Januário da Cunha Barbosa, desafeto pessoal e adversário político de anos, e que vislumbra no episódio a oportunidade de afrontar e coagi-lo, mas erra redondamente a avaliação e fica, nesse imbróglio, em uma posição delicada e para muitos até indefensável.

Poucas semanas depois, o general, em uma de suas diversas conferências, aproveita para comentar, com ironia: "O sr. Varnhagen, na flor de seus 27 anos e em início de carreira, se acha, certamente, muito qualificado para analisar meu livro, mas talvez ainda esteja um pouquinho mareado com seu recentíssimo ingresso no Brasil, e sofrendo de algum tipo de desarranjo mental, após semanas em uma embarcação cargueira sacolejante, e provavelmente em alojamento de péssima categoria, mas acredito que um bom vinho do Porto, com toda a certeza, lhe fará muito bem, e depois de ter a oportunidade de conhecer um pouquinho nossa nação ele poderá melhor saborear e aquilatar sua História. Mas este senhorinho luso deve ser, por nós, lembrado de que a humildade é uma virtude e a bajulação aos poderosos de plantão um defeito grave". Após destilar a repulsa a Varnhagen, e por tabela ao cônego, pela mesquinha condução do assunto, vira mais essa página. Devido à repercussão da polêmica, o livro será várias vezes reeditado e se torna o mais vendido pela editora Eduardo&Henrique Laemmert, pelos anos seguintes, gerando pequenas mas constantes filas em sua sede, na rua da Quitanda, para aquisição.

Mais uma vez ele registra o que entende ser a verdade, nua e crua, acerca do episódio:

À exceção da história contemporânea, porque são fatos presenciais, não conheço historiador nenhum que não fosse compilador. Os fatos não se inventam; estão consignados na história já escrita por outrem, ou em documentos e registros autênticos; servir-se pois da história antiga ou de documentos, ou de uma e outra coisa, e vertê-los em linguagem nova, se assim se quiser, ou copiá-los, eis aí o que se chama compilar; isto é, reunir em um corpo ou livro coisa ou materiais extraídos de vários autores. Assim, o que o sr. Varnhagen disse é um grande disparate e só reforça o que por aí se fala; que ele efetivamente ignora a sua língua.

Alguns preferem traduzir esses fatos, ou materiais, em linguagem própria, porém eu preferi conservá-los na frase alheia muito de propósito como disse em meu Prefácio; quis deixar a cada autor a responsabilidade dos seus erros, porque hoje possuo um tesouro de documentos, que nunca teriam vindo às minhas mãos sem este primeiro esforço. Me sinto gratificado por ter chegado ao fim dessa empreitada e poder oferecer aos estudantes minha contribuição para melhor conhecerem o seu país.

A seguir, já no Recife, publica suas obras mais polêmicas: *O socialismo* (1855), *As Bíblias falsificadas ou Duas respostas a Joaquim Pinto Campos* (1867) e *O Deus dos judeus e o Deus dos cristãos* (1867). Encontra-se em plena maturidade intelectual e num momento existencial em que pode se dar ao deleite de escrever o que quiser e como quiser, dando unicamente satisfação a suas convicções.

Em fins de 1854 conclui *O socialismo*, que passou quatro longos anos elaborando, "e que me deu muito prazer, pois para gestá-lo mergulhei em leituras especialíssimas e revi alguns de meus filósofos prediletos, além de sorver outros ainda por mim não desbravados". No início do ano seguinte é publicado, e devido ao caráter pioneiro do tema em nossas terras, e até na América do Sul, é recebido com expectativa por uns e ceticismo por outros tantos. Nos meios letrados de Olinda e Recife causa um misto de curiosidade e perplexidade, pelo ineditismo da abordagem, que passa, propositalmente, ao largo do consagrado ensaísmo meramente acadêmico. O autor não se dá ao trabalho de dialogar com as práticas literárias de então, discorrendo sobre seu entendimento acerca do socialismo com o desassombro de todo o sempre e numa linguagem direta, sem as excessivas adjetivações, o que para alguns é sinônimo de falta de apuro estilístico e pretexto para entender que seu conteúdo deve ter sido feito às pressas, sem profundidade.

A compreensão de socialismo ali expressa é um somatório das ideias racionalistas, evolucionistas e positivistas com generosas pitadas de princípios éticos do cristianismo. Ele busca sintetizar o pensamento anotando, logo no início do livro, que "socialismo não é uma ciência, nem uma doutrina, nem uma religião, nem uma seita, nem um sistema, nem um princípio, nem uma ideia, é mais do que tudo isto, porque é um desígnio da Providência".

Argumenta que o mesmo se reveste da tendência transcendente dos seres humanos de buscar constituir uma só fraterna, imensa e feliz família, promover a justiça distributiva, como forma de alcançar a conquista do bem comum e desencadear ações que propiciem o atingimento da nova e duradoura ordem de coisas e de usufruto comum para a humanidade.

Passa, entretanto, ao largo das formulações de Marx e Engels, ao criticar acidamente o comunismo, tachando-o de deveras perigoso e traiçoeiro, por intentar destruir o consagrado direito de propriedade e por fomentar um nivelamento compulsório das pessoas, sem qualquer base científica sólida, valendo-se da nociva prática da espoliação, tão somente.

Mais polêmica no ar, novos admiradores e detratores, e o general segue em frente despejando ideias e mais ideias para todos os lados. O livro tem três edições inteiramente esgotadas somente na corte, para desconforto de seus muitos desafetos locais.

Por essa época ele inicia um romance com a sra. Maristela Gomes de Souza Leão, que duraria uns três anos. Ela é uma mulher decidida, pequena, magra e com o rosto pálido, expressão meio desbotada, com volumosos e crespos cabelos castanhos, ancorados em cima dos ombros e quase sempre austeramente trajada, pois se encontra viúva de há muito. Ele a conheceu em uma das muitas idas a Olinda, ao levar seu relógio para consertar, na afamada ourivesaria Joia do Largo do Amparo, onde ela trabalha com o primo Bráulio, o mais festejado relojoeiro da cidade. Depois de diversas e explícitas sugestões de matrimônio, unicamente da parte dela, dona Maristela cansa-se e lhe diz que em sua vida só há lugar definitivo para seu país e os livros, e que ela está sendo só um apêndice, e continuaria a ser até o fim da vida, acabando assim aquele maduro relacionamento. O solteirão convicto, após o previsível desfecho, volta a se dedicar inteiramente aos livros e aos embates, ele que é um homem que jamais conjugou o verbo "entediar".

Seus poucos mas fiéis amigos, logo no primeiro domingo "de solteirice", pedem ao pintor espanhol Don José Viñes Domínguez, também amicíssimo do general, que pinte, em segredo, um retrato dele, de corpo inteiro. Don José, anarquista radicado em Olinda há quase 30 anos, desde que chegou da Catalunha, devidamente corrido, por liderar um "movimento poético, revolucionário e moral", que objetivava transformar a Espanha numa república universal, aqui se torna proprietário da galeria de arte Subida Al Cielo. Embora seja um bom pintor, tempos depois comunica solenemente ao grupo que não pôde realizar a tarefa, pois os pincéis o traíram, todas as vezes que esboçava os primeiros traços na tela, já que ele e o general têm uma relação espiritualmente fraterna. Assim, ele resolveu caligrafar os traços marcantes de sua personalidade:

O general José Inácio de Abreu e Lima, nosso queridíssimo amigo, é um setentão bem-apanhado, de estatura mediana e porte altivo, talvez devido aos muitos anos que envergara farda; afável e reservado, fumante fervoroso de charutos e fiel à sua crença, desde sempre, é católico apostólico romano desses que domingueiramente comungam.

De testa larga, olhar vivo e profundo, tez morena clara com cabelos e barba sempre bem-aparados e já grisalhos, e o seu rosto, para nós pintores, ao primeiro olhar é uma face que mais parece a de um poeta do que um militar ou polemista.

Sempre vestido com simplicidade, nunca o vi de farda; com alpercatas de couro e roupa clara, chapéu-panamá e, entre nós, seus amigos, está sempre a lançar, constantemente, seu invejado bom humor e nos brindar com fluente conversação, que a todos embevece e ilustra.

Jamais se preocupa com etiqueta, detesta o luxo e renega a vaidade e a ostentação, vivendo com parcos recursos, modesta e felizmente. Homem provado, general e escritor, nunca ninguém o viu se vangloriar de suas proezas, seja no campo da guerra ou no das letras. Modéstia sempre!

Solteirão por convicção, não lhe faltaram senhoritas e senhoras a apreciar seu olhar penetrante e seu jeito gentil de ser, mas penso que o que mais lhe dá prazer nesta vida é a busca de conhecimentos, a luta pela igualdade e a liberdade escancarada.

Sua coerência sempre me impressionou e o seu desprendimento de ambições emoldura uma vida de muitas batalhas, mas que soube conservar o sentimento do perdão e vem trilhando, há muito, a estrada da modéstia.

Em julho de 1868 recebe uma carta do amigo general Paéz, ex-presidente da Venezuela, já aposentado, a essa altura vivendo em Caracas e dirigindo um grêmio de estudos militares, que pede sua avaliação sobre a Guerra do Paraguai. Dois meses depois ele responde que a guerra ia de mal a pior, de vez que já se gastaram mais de três anos numa empreitada que deveria ter durado, quando muito, uns seis meses, se tivéssemos um bom general ou almirante preparado no comando. Desta vez ele erra redondamente sua apreciação, pois está alheio ao que se passa no teatro de operações brasileiro, desconhecendo as dificuldades causadas pelas enormes distâncias para o adequado apoio logístico, o terreno de acidentados e desconhecidos relevos, às vezes desumanamente abertos e com visibilidade total, favorecendo os paraguaios; contendo sólidas fortificações inimigas, muitas fluviais, os constantes surtos de cólera e tifo a dizimar as tropas e os competentes chefes militares paraguaios, liderados pelo general Solano Lopes, e os valorosos soldados, que se batem com fúria invejável. A diferença começa a ser notada com o comando efetivo e estratégico de dois dos maiores generais brasileiros de todos os tempos, Manoel Luís Osorio e Luiz Alves de Lima e Silva, futuramente marquês do Herval e duque de Caxias, respectivamente. O Brasil vence a difícil guerra, e o general Abreu e Lima erra a avaliação...

Ano e meio depois do entrevero com *O socialismo,* o general recebe em casa um casal de missionários protestantes, mórmons e norte-americanos, que o procuram trazendo a carta de apresentação de um velho conhecido, dos longínquos tempos em que ele e seu irmão Luís Roma viveram na Filadélfia. Eles, o sr. Paul Barry e a sra. Anne McGregor Barry, "estão encarregados de anunciar a palavra que transforma, restaura, renova e dá sentido à nossa vida, seja por intermédio da pregação, como, também, através da distribuição das 27 caixas de Bíblias que trouxeram, editadas em Londres, e integralmente em português, contendo o Novo Testamento". O anfitrião é um homem que já há muito adotou o conceito ecumênico do cristianismo, assim os parabeniza e se põe à disposição para ajudá-los na empreitada. Começa a distribuí-las para os amigos mais chegados e comparece, de tempos em tempos, aos cultos protestantes, como prova de estima e admiração por aquela religião. Embora não seja a que professa, ele defende que todos têm todo o direito de divulgar o credo e seu entendimento da Bíblia, pois a convivência fraterna é essencial para a verdadeira liberdade religiosa.

Parece que esse nunca foi, nem de longe, o pensamento do clero local, pois reage com muito vigor, acusando os missionários de distribuição de venenosas e falsas Bíblias, e o general de ser um "novo instrumento deste insidioso protestantismo", de usar suas diversas relações "para disseminar esta seita, que se vale de muito dinheiro de fora do país e de ardilosas modificações nos cabeçalhos dos textos e em diversos capítulos, para iludir a boa-fé dos irmãos pernambucanos, abrindo caminho para, logo depois, permitir uma planejada e monumental imigração de confederados norte-americanos para cá, trazendo junto com eles uma cultura totalmente liberal e exótica, além desta muito infeliz e maligna seita".

Os pronunciamentos por parte tanto do clero pernambucano quanto dos pastores protestantes ganham as páginas dos jornais por grande período. Nos cultos têm início constantes e enervantes radicalismos religiosos, chegando ao ponto de o bispado local "emitir um enérgico comunicado aos párocos e ao povo de Deus de toda a província, determinando o confisco e a destruição das falsas Bíblias". Isso efetivamente acontece, com a conivência e mesmo o estímulo escancarado de quase todos os chefes de polícia das povoações interioranas, criando, principalmente nas pequenas e médias localidades, um exacerbado ambiente de intolerância aos protestantes.

No finzinho de 1865 o general, bastante irritado, inicia uma contraofensiva, bem a seu modo, escrevendo e publicando duríssimos, longos e didáticos artigos no *Diário de Pernambuco* e no *Jornal do Recife*, inclusive e provocativamente no dia do Natal, sobre a polêmica. Posiciona-se, como sempre, "a favor do cristianismo, que de há muito transcende toda e qualquer igreja organizada, e conclama que tenhamos, cada um de nós pecadores, uma verdadeira visão ecumênica, deixando para trás nossos arraigados e inúteis dogmatismos e divergências, pois buscamos há muito o mesmo, só que por caminhos diversos".

Dois meses antes de falecer recebe uma correspondência de Gabito, que lhe conta emocionado as últimas notícias de sua família. Seu neto, Enrique Castillo Sáenz, acabava de receber a espada de oficial e a patente de primeiro-tenente de cavalaria, e seu primeiro posto é no Segundo Esquadrão de Cavalaria Ligeira de Carabobo, o que lhe trouxe muitas recordações daquela gigantesca batalha, em que ele foi promovido a cabo e o general foi ferido e condecorado por bravura. "Quem diria que eu teria um neto naquelas plagas!"

De resto ele continuava em seu sítio e já estava com quatro bisnetos; volta e meia esbarrava com algum companheiro de armas. A filha mais nova, Suzana, tinha se radicado nos Estados Unidos, onde dava aulas na Universidade de Nova Orleans, e a vida corria como Deus mandava. Pedia notícias do general e dizia que ele estava sempre presente em suas orações. Não chegou a receber a resposta...

No início da tarde de 8 de março de 1869, logo depois de velozmente percorrer todos os cantos do Recife, a notícia da morte do general chega a seu Zé Carneiro da Rocha, administrador do cemitério público de Santo Amaro. Ele abre, então, o envelope branco, com o dourado brasão da diocese de Olinda e devidamente lacrado com o selo do Palácio Episcopal, em cera carmim, que lhe confiara o bispo pessoalmente, meses antes, onde está escrito de próprio punho: "Para ser aberto após a morte do Senhor General José Inácio de Abreu e

Lima". Ele lê, a seguir, seu lacônico e claro conteúdo: "Estando nós certos de que o general Abreu e Lima não estava considerado em seus últimos instantes de vida por verdadeiro filho da Santa Igreja Católica Apostólica Romana, nós, pelo dever que nos incumbe, lhe participamos, pelo presente, que não permitimos que se lhe dê sepultura neste cemitério". Pouco depois, qual um rastilho de pólvora, a notícia da proibição do enterro do corpo do general naquele campo santo é o assunto dominante nas conversas no Recife, radicalizando o ambiente e levando políticos, jornalistas, advogados, militares e usineiros a se juntar às autoridades provinciais constituídas para buscar uma saída honrosa junto ao clero pernambucano.

Muito embora o cemitério fosse público, nele sempre mandou e desmandou a Igreja Católica, uma vez que Estado e Igreja se confundem em muitas questões, e essa é mais uma delas. O presidente da província, conde de Baependy, tenta entender-se com o bispo diocesano, indo ter com ele, pessoalmente, no Palácio Episcopal. O bispo, todavia, se mostra inflexível e lhe assegura, pausada e definitivamente, "que a Igreja, neste país, se pauta pelas Constituições do Arcebispado da Bahia, e lá está claramente estipulado que não se dará sepultura eclesiástica aos judeus, hereges, cismáticos e apóstatas da nossa santa fé, que a Igreja tem julgado por tais ou por outra via for notório que o são; nem aos que os favorecem ou defendem". Ou seja, não há margem para negociação; agora é buscar uma alternativa rapidamente, pois o corpo do general-herói deve ser enterrado no mesmo chão em que veio ao mundo, ou poderá haver desdobramentos inimagináveis e desinteressantes tanto para a província quanto para o próprio governo central.

O bispo, já com muita antecedência, firmara a posição da Igreja Católica para não permitir que aquele que considera responsável pelo descaminho de tantos católicos que agora professam uma "falsa Bíblia" seja acolhido em solo sagrado no cemitério público. É o somatório de intolerância, arrogância e vingança; para piorar, alguns párocos recordam em suas missas que o general, há tempos, também era um influente maçom e defensor de um nefasto liberalismo religioso.

As horas passam nervosamente e, já pela noitinha, parentes e amigos do general recebem uma oferta, aliás a única, por parte do cônsul-geral do Reino Unido, *sir* Harry Fergusson, que em nome da família real e de seus compatriotas do Recife oferece o Cemitério dos Ingleses para o enterro, o que ao menos nesses angustiantes momentos é vislumbrado como a única opção possível, e assim se procede. Ele é enterrado, finalmente, no dia seguinte, pelo fim da manhã e com o sol a pino, naquele solo tido como extraterritorial, sendo, assim, novamente deportado, e depois de morto, só que agora de sua própria pátria, que tanto amou e defendeu, à sua moda. Pouco mais de 100 pessoas participam do derradeiro adeus, e o corpo desce à cova envergando o uniforme de oficial-general da Colômbia, mas sem as condecorações, meses antes furtadas de sua casa.

O túmulo é muito simples e porta uma singela lápide caiada, na qual se lê: "Aqui jaz o cidadão brasileiro General José Inácio de Abreu e Lima, propugnador esforçado da liberdade de consciência. Faleceu em 8 de março de 1869. Foi-lhe negada sepultura no cemitério público pelo Bispo d. Francisco Cardoso Ayres. Lembrança de seus parentes". Na parte mais elevada paira, solitariamente, uma cruz celta. Ironicamente aquele túmulo ainda haverá de suscitar muitas controvérsias, parecendo querer lembrar, a todos, o modo de ser de seu ilustre inquilino, que até hoje por lá repousa entre súditos de Sua Majestade, a rainha da Inglaterra.

A Morte Anunciada

O passamento do general Abreu e Lima repercutiu, sobretudo, na mídia, local, nacional (com mais intensidade na corte) e mesmo internacional, nos países que emergiram após o esfacelamento da Grã-Colômbia.

Vale o registro de algumas matérias fac-similadas, publicadas na província de Pernambuco, para melhor aquilatar o clima *post mortem* do general:

Diário de Pernambuco

Terça-feira, 9 de março de 1869, 1ª página

PASSAMENTO

Ontem à tarde deu alma ao Criador, o sr. general José Inácio de Abreu e Lima, que, sob o pseudônimo de Cristão Velho, sustentou ultimamente uma polêmica religiosa com o Ex.mo e Rev.mo monsenhor Joaquim Pinto de Campos.

Seu saimento tem hoje lugar da rua da União para o cemitério inglês em Santo Amaro.

Quarta-feira, 10 de março de 1869, 1ª página

ENTERRAMENTO

Foi dado ontem, por volta de meio dia, à sepultura, no cemitério protestante, o cadáver do sr. general Abreu e Lima.

Muitos de seus amigos acompanharam de carro o saimento do féretro até a sua última morada.

O general Abreu e Lima era um homem notável pela sua inteligência e ilustração. Se, afastando-se do grêmio da religião católica apostólica romana, pecou, a pedra do seu túmulo agora veda às vistas profanas perscrutarem as úlceras do seu espírito.

A terra lhe seja leve, e Deus se compadeça de sua alma.

Jornal do Recife

Quarta-feira, 10 de março de 1869, 1ª página

SAIMENTO

Um numeroso crescido de pessoas gradas acompanhou ontem os restos mortais do Ex.ᵐᵒ general José Inácio de Abreu e Lima até a sua última morada. O ilustre finado recebeu nesta espontânea manifestação de seus compatriotas, o mais solene testemunho de apreço e consideração à sua memória.

Na capela do cemitério inglês o ministro anglicano leu, no meio do mais profundo recolhimento da parte dos assistentes, as preces do seu ritual.

Terminada a oração, foi o cadáver levado à sepultura, sendo conduzido pelos srs. barão de Villa-Bella, barão de Guararapes, conselheiro Silveira de Souza, conselheiro Lopes Netto, coronel Domingos Affonso Nery Ferreira, tenente-coronel Pinho Borges, major Gustavo José do Rego e dr. Luiz de Carvalho Paes de Andrade.

Sábado, 13 de março de 1869, 1ª página

GENERAL ABREU E LIMA

Em outro lugar desta folha publicamos hoje um convite, que três amigos do falecido general Abreu e Lima fazem para visitação à sepultura do ilustre finado.

Aprovamos a ideia, porque julgamos que toda a manifestação é pouca em favor da liberdade de consciência e da tolerância religiosa.

Seção Anúncios, 8ª página

Os abaixo assinados, amigos do ilustre finado general José Inácio de Abreu e Lima, convidam, em nome da religião cristã, a todos os parentes e amigos desse venerando Pernambucano para a visita da cova, domingo 14 do corrente, pelas sete horas da manhã, no cemitério inglês.

João F. da Silveira Távora

Ernesto de Aquino Fonseca

Eduardo da B. F. de Lacerda

Segunda-feira, 15 de março de 1869, 1ª página

O GENERAL ABREU E LIMA

A imprensa da província tem-se pronunciado, em quase sua unanimidade contra a determinação, que privou de sepultura no cemitério publico aos restos mortais do general Abreu e Lima.

O nosso colega da Opinião Nacional dando ontem a triste notícia do passamento do ilustrado pernambucano, o fez em artigo editorial, tarjado de preto, e do qual extraímos as seguintes palavras:

> Foi sepultado às 11 horas da manhã, do dia 9 do corrente, no cemitério inglês, em consequência de ordem terminante do Ex.mo e Rev.mo sr. d. Francisco Cardoso Ayres, bispo d'esta diocese, um dos nossos mais ilustres patrícios.
>
> Depois dos justiçados em 1817 e 1824, por glória do direito divino de d. João VI e de Pedro I, cremos que é a primeira recusa que aqui se faz de sepultura em chão católico!

Estava isto reservado a um pernambucano ilustre por mais de um título, varão estimável por suas virtudes privadas, brasileiro que ilustrou a sua pátria dentro e fora do país!

E por quê? E por quem? Santo Deus!

O pai não teve sepultura católica, porque foi justiçado na Bahia; o filho...

Santo Deus! No século XIX, quando estão sendo chamados os dissidentes ao concílio!

O sr. bispo diocesano, depois de sua posse, não falhou aos seus diocesanos, sem dúvida porque já não é verdade o dito de São Paulo — *fides ex auditu*; mas, acaba de falar eloquentemente para os olhos!

Todos viram o general Abreu e Lima sendo conduzido ao cemitério protestante!

Que terra! Que gente!

Descanse em paz o general Abreu e Lima!

O Deus das misericórdias não faz distinção de cemitérios. Uma só é a terra que nos há de consumir a todos.

Que história tão pouco edificante poder-se-ia contar!!!

O Liberal

Quarta-feira, 10 de março de 1869, 1ª página

PASSAMENTO DE ILLUSTRE PERNAMBUCANO

Faleceu o Ex.ᵐᵒ sr. general José Inácio de Abreu e Lima. É mais um cidadão pernambucano, e muito ilustre, que baixa ao túmulo, acompanhado pelo sentimento dos homens de bem, e sinceramente pranteado pelos liberais. Amplo saber, sólida instrução, e talentos superiores, eram os brilhantes e invejáveis ornatos de seu espírito.

O general Abreu e Lima prestou serviços relevantes na América do Norte e na América do Sul.

A liberdade foi o objeto predileto a que o honrado finado dedicou o seu culto, e serviços, defendendo e já com as armas, e já com a pena. Deixou muitas obras e escritos importantes.

Era um homem de merecimentos reais. O partido liberal sente profundamente a perda de um patriota tão célebre.

Tem-se recebido com estranheza o fato de S. Ex.ª o sr. bispo diocesano proibir que o cemitério público recebesse o corpo inanimado do ilustre pernambucano. É uma exceção injustificável, por demais injusta.

Não há quem ignore a mudança de crenças religiosas de Lamenais: pediu que fosse enterrado sem aparato e sem concurso do clero.

Assim se cumpriu, e os bispos de França não proibiram que seu corpo repousasse no cemitério sagrado do Pére Lachaise. Para que exemplos?

Talvez que a igreja cristã de França seja mais atrasada que a de Pernambuco. Se por causa de discussão literária sobre religião, entre nós se praticasse em relação a outros, com o mesmo rigor aplicado ao general Abreu e Lima; se assim se procedesse para com todos que aos olhos dos fanáticos, infringem seus deveres religiosos, e a fé católica; certamente que veríamos no presente reviverem-se as fogueiras persuasivas e edificantes dos tempos que a historia descreve com horror a execração.

O general Abreu e Lima, durante os últimos dias de sua enfermidade, extasiava-se em contemplar uma imagem do Senhor crucificado que tinha defronte do leito, e dizia: Aquele é o meu Deus! Declarou que não queria pompa no enterro, que o depositassem no cemitério e apenas lhe mandassem fazer uma encomendação rezada. Consta que a mesma coisa dispôs [ilegível].

Um homem que assim procede, e que ao dar o último suspiro pede com toda a humildade e recolhimento a encomendação rezada por sua alma, não apagou aos olhos severos do catolicismo, qualquer desvio que tivesse por ventura em sua vida passada? Não deu provas de cristão e católico? O perdão e a caridade já não são virtudes do cristianismo?

Parece-nos que o ilustre finado foi fiel e constante à crença e fé que ensina a igreja: muitos padres que aí imposturam de santos, por causa da elevada posição social e profana que ocupam, não mostram tão viva fé em Deus como o venerando general.

Resta que se lance a excomunhão ao grande número de concorrentes, cada qual mais distinto, que acompanharam o féretro ao último jazigo.

O ódio e a injustiça dos homens procuraram denegrir e infamar a memória do literato insigne; o do patriota virtuoso. Deus, porém, o há de glorificar nas alturas com a bem-aventurança eterna que lhe reserva.

A Ideia Liberal

Sábado, 13 de março de 1869, editorial

No dia 8 do corrente faleceu nesta cidade o Ex.ᵐᵒ sr. general José Inácio de Abreu e Lima, um dos mais distintos pernambucanos pelas virtudes, ilustração e serviços: o corpo do sr. Ex.ᵐᵒ foi sepultado no cemitério protestante, sendo acompanhado até o último jazigo por um crescido número de pessoas da mais alta sociedade.

Eco de reais sentimentos do povo pernambucano, acostumado a respeitar os talentos, serviços e conduta do falecido general, e cheios de pesar o mais profundo, deploramos a irreparável perda, porque acaba de passar esta província e o país.

A grandeza de espírito, a lealdade, a generosidade, o talento, a instrução, a abnegação e a simplicidade, tais eram as feições características do importante vulto, que acaba de desaparecer da face da terra.

Ainda bem: a lembrança do ilustre general não se apagará cedo da memória dos homens: os serviços e obras literárias e científicas do ilustre general aí estão para honrar a história e testemunhar o mérito do homem, cuja morte pranteamos.

A vida do Ex.ᵐᵒ general Abreu e Lima foi uma luta magnífica, não só essa luta em que se cifra o destino do homem neste mundo, mas a luta em que só podem se empenhar os fadados pela Providência para serem foco de luz e de verdade no meio dos ignorantes ou supersticiosos.

A existência do general Abreu e Lima foi útil a todos os respeitos; e a página mais brilhante da vida desse distinto pernambucano é por sem dúvida o papel, que ele desempenhou como campeão denodado contra a hipocrisia, a crassa estupidez, a especulação e os anacrônicos preconceitos e privilégios que por desgraça da nossa terra ressuscitam valentes atrasando este povo, e plantando um domínio absoluto sobre a razão humana nesta época de civilização, em que a filosofia, as luzes do século e o verdadeiro catolicismo unicamente devem imperar.

Grandes serviços prestou em tal causa o distinto general, e Deus queira que, para bem da verdadeira religião católica, apareçam continuadores da missão por ele tão nobremente encetada.

Hoje que as absolvições mercenárias, as decisões e as condenações por capricho desmoralizaram a missão católica: hoje que a igreja de Cristo é vão simulacro do que foi e devia de ser, segundo as vistas generosas de seu divino fundador; hoje que, chorando-se pela Inquisição, que é impossível reviver, se apela com proveito e se empregam com vantagem os meios coativos e coercitivos, que a Igreja por necessidade e direito tem para certos e especiais casos e fórmulas prescritas, e se a bersa dessa faculdade para a satisfação de exigências individuais, é preciso que os bons e ilustrados espíritos preguem e sustentem a cruzada contra os que solapam os sólidos alicerces da Igreja Católica e que elevando o dogma e a disciplina católicas à altura a que têm direito, façam com que o catolicismo vença pela convicção e não pela intimidação e que a fé renasça, espancando o ceticismo e a hipocrisia.

E no entanto o general Abreu e Lima não teve a paga de seus serviços, nem sequer que seus restos descansassem em cemitério católico!

Foi expelido depois de morto (!) da Igreja Católica, quando nessa igreja nasceu, viveu e morreu!

Triste exemplo! Fatal precedente é este de que damos agora conta!

A Igreja Católica não pode tomar por sua conta esse ato, que por si só compromete a missão de caridade, tolerância e humanidade, a que ela se destina; nós como católicos não reconhecemos nos protestantes vantagem nesse terreno, inda mesmo que a braços abertos recebessem os restos mortais do nosso irmão em religião, o general Abreu e Lima.

A gravidade do fato, de que falamos, quanto à proibição de ser enterrado o general Abreu e Lima em sepultura eclesiástica é de tal ordem, que o fato não pode passar desapercebido.

Em nome da religião católica, da moralidade, dos princípios do direito canônico, da verdade dos fatos, o público exige uma explicação cabal sobre aquele procedimento, e ela não nos pode ser negada, pois temos a dupla qualidade de católicos e de membros de uma sociedade, que se governa livremente.

É preciso discussão franca e respeitosa sobre os motivos do ato como o assunto requer, mormente quando o público conhece e discute a proibição, o efeito, quando a causa permanece oculta.

Queremos ser elucidados porque o nosso espírito se acha indignado, quando não seja por julgarmos não existir motivos legais e nem respeito para com as fórmulas, ao menos pela maneira por que a proibição foi dada...

Era justo quando na terra sagrada descansam os restos de pagãos, idólatras, suicidas e um dia descansarão os restos de hipócritas, malvados pelas leis divinas e humanas, assassinos, perturbadores da paz conjugal, caluniadores, devem ser sepultados nas areias da praia os homens que sempre se recomendaram pela prática de virtudes as mais subidas, pela fé a mais viva nos verdadeiros princípios e pelos mais relevantes serviços às letras, à pátria, à liberdade e à humanidade.

Agradecemos aos srs. protestantes desta cidade a maneira generosa e humanitária com que acolheram os restos do general Abreu e Lima — eles, enfim, descansam bem no cemitério inglês, já que não lhe deram sepultura em cemitério católico, porque ao menos o general Abreu e Lima jaz entre cristãos e que sabem compreender e desempenhar o cristianismo.

Gazeta Literária do Recife

Segunda-feira, 14 de março de 1869, editorial

DEMONSTRAÇÃO SOLENE

Contra o fanatismo e intolerância religiosa, que nega sepultura no cemitério público aos restos mortais de uma criatura humana, e em favor da liberdade de consciência, deu ontem a população desta capital o mais solene protesto.

Convidada para ir ao cemitério inglês visitar a sepultura do general Abreu e Lima, por ser o sétimo dia do seu falecimento, aceitou pressurosa o convite, e às sete horas da manhã, um concurso numeroso de pessoas nacionais e estrangeiras e de todos os credos políticos e classe social, achou-se ali reunida.

Não podendo ter lugar ato algum religioso do rito a que pertencia o finado, que nunca se apartou do seio da religião em que nascera, a cerimônia consistiu apenas em alguns discursos pronunciados junto ao seu túmulo.

[Ilegível] João F. da Silveira Távora e Antonio de Vasconcellos Menezes de Drummond.

Para este ilustrado mestre da nossa Faculdade de Direito falou como sempre, bem e com proficiência.

As suas palavras eram o pagamento de uma dívida de gratidão.

O finado, além de amizade que lhe votava, havia escrito a biografia de seu nobre pai, o coronel Gaspar de Menezes Vasconcellos de Drummond, salvando assim do olvido com a sua hábil pena, os serviços feitos à pátria e às nobres ações de mais um benemérito brasileiro.

As palavras do dr. Menezes patenteando rasgos admiráveis da vida do general Abreu e Lima, sua coragem cívica, energia, devoção pela liberdade, trabalhos desde a tenra infância, modéstia pouco vulgar e ilustração com que honrou o seu país no interior e fora dele, impressionaram sobremodo os assistentes, que do íntimo do seu espírito dirigiam, certamente, a Deus uma fervorosa prece pelo eterno repouso d'alma daquele a quem a intolerância religiosa negou o *parce supultis*, que a igreja ensina.

SEPULTURA ECLESIÁSTICA

Com este titulo damos hoje em outro lugar desta folha uma defesa á ordem do nosso diocesano, privando sepultura no cemitério publico aos restos mortais do general Abreu e Lima.

Secretários da imprensa livre, e além disto julgando que a questão deve ser debatida, abrimos espaço à discussão, e publicaremos pró e contra tudo o que se apresentar, uma vez que seja escrito em linguagem decente, respeitosa e científica, como o exige o assunto.

Para Melhor Conhecer o General

ARQUIVO HISTÓRICO DO EXÉRCITO (PALÁCIO DUQUE DE CAXIAS)

Documentos:

Livros de registro de portarias e ofícios de consultas e avisos e de matrículas dos alunos da Real Academia Militar. Observações: M-038; M-039. Título: Real Academia Militar.

Iconografia:

Academia Real Militar (1812-1850), largo São Francisco (Largo Real da Sé Nona), Santuário da Engenharia Civil e Militar do Brasil. A Academia Real Militar foi instalada no largo São Francisco em 1812. Neste histórico prédio teve lugar... (informação incompleta no acervo digital). Código de referência: enof0002

BIBLIOTECA DO EXÉRCITO (PALÁCIO DUQUE DE CAXIAS)

Resumen historico de la ultima dictadura del libertador Simon Bolivar, comprobada con documentos. Rio de Janeiro: Empr. Edit "O Norte", 1922. Referência: TF987.05 A162 (Eceme)

Enciclopedia curiosa. v. 3 a 5. Referência: RR 001.93 E56 (Eceme)

BIBLIOTECA NACIONAL

Setor Obras Raras (catálogo antigo):

Resposta a primeira carta do sr. general José Lima por hum exaltado pernambucano. Rio de Janeiro: Tipografia Americana, 1833. Localização (microfilme): OR00175 [6].

Segunda carta do general Abreu e Lima ao redactor da Aurora, em resposta ao artigo — Rio de Janeiro — do seu numero 735, 15 de fevereiro. Tipografia de Gueffier e Comp., 1833. Localização: 39, 0, 23 n.2.

Carta do general Abreu e Lima ao redator da Aurora, em resposta ao artigo — Rio de Janeiro — do seu número 735 da sexta-feira 15 de fevereiro. Tipografia de Gueffier e Comp. [1835]. Localização (microfilme): OR00175 [5].

Bosquejo histórico, político e literário do Brasil; ou analyse critica do projeto do dr. A. F. França... Seguida de outra analyse do projeto do deputado Rafael de Carvalho sobre a separação da Igreja Brasileira da Santa sede apostólica. Cidade de Niterói: Tipografia Niterói de Rego e Comp., 1835. Localização (microfilme): OR00175 [4].

Compêndio de história do Brasil. Rio de Janeiro: Eduardo e Henrique Laemmert, 1843. Localização: 107, 4, 15-16.

Resposta do general J. I. de Abreu e Lima ao cônego Januario da Cunha Barbosa, ou analyse do primeiro juizo de Francisco Adolpho Varnhagen acerca do compendio da historia do Brazil. Pernambuco: Tipografia de M. F. de Faria, 1844. Localização: OR00175 [2] (Obs.: dDedicatória do autor na folha de rosto).

Sinopsis ou dedução chronologica dos fatos mais notaveis da historia do Brasil. Pernambuco: Tipografia de M. F. de Faria [1845]. Localização: 107, 4, 20.

VARNHAGEN, Francisco Adolfo de. *Replica apologetica de um escritor calumniado e juizo final de um plagiario difamador que se intitula general.* Madrid: Imprensa da Viúva de R. J. Dominguez, 1846. Localização: 104, 1, 4; 104, 1, 3 [ex. 2].

Cartilha do povo por Franklin. Pernambuco: Tipografia da Viúva Roma e Filhos, 1849. Localização (microfilme): OR00175 [1] (Obs.: dedicatória de A. Comelin ao sr. C. P. H. de Beaurepaire Rohan na folha de rosto).

LIMA, José Inácio Abreu e. *O socialismo.* Recife: Tipografia Universal, 1855. Localização: 107, 4, 22; 76, 1, 29 [ex. 2] (Obs. dedicatória do autor ao cel. H. Beaupeire Rohan).

Bíblias falsificadas ou duas respostas ao sr. cônego Joaquim Pinto de Campos pelo Christao Velho. Tipografia Comercial de G. H. de Mira, 1867. Localização: 107, 4, 23. Ex-líbris Coleção Teresa Cristina (Obs.: oferecido ao imperador d. Pedro II; escrito condenador pelo decreto da congregação do Index de 20 de junho de 1869).

O Deus dos Judeus e o Deus dos Christãos (terceira resposta ao sr. cônego Pinto de Campos pelo Christão Velho). Pernambuco: Tipografia Comercial, 1867. Localização (microfilme): OR00175 [3].

CAMPOS, Joaquim Pinto de. *Polêmica religiosa, refutação ao impio opusculo que tem por titulo O Deus dos Judeus e o Deus dos Christãos sob o pseudonimo de Christão Velho.* Pernambuco: Tipografia Mercantil [1868]. Localização: 90, 2, 20.

BERNARDES, José. *Abreu e Lima, heroi sul-americano.* Rio de Janeiro: Nosso Brasil, 1978. Localização: III - 252, 6, 17.

Setor Manuscritos

Ofício de Manoel de Carvalho Paes de Andrade a Antonio Pinto Chichorro da Gama comunicando ter demitido da função que exercia o escriturário da Secretaria de Governo, Antonio da Costa do Rego Monteiro, por ser emissário dos conspiradores chefiados pelo general colombiano José Inácio de Abreu e Lima e seus irmãos, além de ser o mesmo escriturário conivente com os salteadores de Panelas e Jacupe. Recife, 18 de junho de 1834. Localização: II-33, 6, 36.

Cartas ao barão de Guararapes e a sua filha Marianinha. Recife, 5 de agosto de 1865 a 17 de fevereiro de 1869. 37 folhas. Localização: I-11, 01, 002.

Um companheiro de Bolívar. O general Abreu Lima. De Alfredo de Carvalho. Recife, fevereiro de 1910 (manuscrito original com 16 páginas). Localização: I-7, 1, 16.

Setor Periódicos

Transcrição do discurso na Câmara dos Deputados do Sr. Urbano (deputado) sobre situação em Pernambuco. *Jornal do Commercio,* 14 de julho de 1848. [O deputado defende o Partido Liberal contra as acusações de baderna e agressão contra população portuguesa em Recife]. Localização: 1-002, 04, 07.

INSTITUTO HISTÓRICO E GEOGRÁFICO BRASILEIRO

Documentos

Cartas de Abreu Lima. Um brasileiro na epopeia de Bolívar, pelo dr. Argeu Guimarães, 1821 a 1823. 3 docs., 22 p. datilografadas. (Cópias feitas por Argeu Guimarães das cartas do general Abreu e Lima). Referência: lata 477, doc. 36.

Carta de José Inácio de Abreu e Lima ao dr. Emilio Joaquim da Silva Maia oferecendo exemplar do opúsculo que publicou sob o título de Bosquejo Histórico Político e Literário do Brasil. [Há ainda um manuscrito do marquês de Vila Real da Praia Grande, então governador de Pernambuco, em que narra fatos da revolução de 1817]. Rio de Janeiro, 8 de outubro de 1839. Referência: lata 138, doc. 46.

Memorial reservado (minuta) para ser apresentado a S. M. o Imperador pelo general José Ignácio de Abreu e Lima. Rio de Janeiro, 2 de agosto de 1841. 5 fls. Referência: lata 11, doc. 5.

Carta de José Inácio de Abreu e Lima ao cônego Januário da Cunha Barbosa enviando o seu compêndio da História do Brasil para a biblioteca do IHGB e tecendo considerações sobre a mesma. Santa Catarina, 8 de setembro de 1843, 2 fls. (publicado na RIHGB, t. V, p. 369-371). Referência: lata 139, doc. 69.

Carta de José Inácio de Abreu e Lima ao IHGB solicitando retirada de seu nome do livro de sócios e devolvendo diploma de sócio honorário que lhe fora conferido em 6 de novembro de 1839. Rio de Janeiro, 23 de abril de 1844. Referência: lata 661, pasta 26.

Carta ao dr. Diego Carbonell ao IHGB remetendo ampliações fotográficas de Bolívar, do Gen. José Antônio Paez e do Gen. José Inácio Abreu e Lima. 1922, 2 docs. Referência: lata 565, pasta 65.

Acordo da Sociedade Bolivariana da Venezuela em Homenagem ao Prócer

Brasileiro José Inácio Abreu e Lima. [Acompanha carta do Ministério das Relações Exteriores encaminhando o texto ao IHGB]. Caracas, 1969. Referência: lata 680, pasta 23.

Correspondência de Pedro Calmon trocada com o Ministério das Relações Exteriores sobre oferta de quadro do general José Inácio de Abreu e Lima ao governo da Venezuela. Rio de Janeiro, dezembro de 1975 a fevereiro de 1976. Referência: lata 680, pasta 25.

Carta de Elpídio Figueiredo oferecendo retrato de José Inácio de Abreu Lima. [Há ainda dois manuscritos de Elpídio Figueiredo sobre Símon Bolivar e a revolução no Rio Grande do Sul]. Referência: lata 565, pasta 57.

Iconografia

Cópia fotográfica do quadro a óleo representando o gen. José Inácio Abreu e Lima que combateu pela independência da Colômbia e da Venezuela sob o comando... [em mau estado]. Referência: Icon M4 GV. 2 n. 40.

Retrato. Microfilme: ARM1 Prat1 Escan18 Pasta 348/4. Referência: 162, 2, 16-18.

Retrato colorido. Cópia fotográfica. Microfilme: ARM1 Prat3 Escan7 Pasta 126-1. Referência: lata 48, n. 47 e 11.

Livros

CARBONELL, Diego. *Um heroe brasileño en la guerra grancolombiana de emancipación*. Conferência leida en la Biblioteca Nacional el 5 de julio, bajo los auspicios del Instituto Historico del Brasil, por el dr Diego Carbonell, Ministro de Venezuela. Cód. class. 190.6.2 n.12.

CHACON, Vamireh. *Abreu e Lima*: general de Bolívar. Rio de Janeiro: Paz e Terra, 1983. Cód. class. 186.7.16.

GUIMARÃES, Argeu. *Um brasileiro na epopéia bolivariana*: biografia do general Abreu e Lima. Recife: Emp. Graph. Ed. Moraes Rodrigues, 1926. Cód. class. 84.2.31.

LIMA FILHO, Andrade; PEREIRA, Nilo. O bispo e o general: polêmica amena sobre a questão antiga: a negativa de sepultura ao general Abreu e Lima pelo bispo Cardoso Ayres. Recife, 1973. Separata da *Revista do Dep.º Estadual de Cultura*, ano 3, n. 8, dez. 1973. Cód. class. 187.4.57.

VARNHAGEN, Francisco Adolpho. *Resposta do general José Inácio Abreu e Lima ao conego Januário da Cunha Barbosa, ou analyse do primeiro juizo de Francisco Adolpho Varnhagen acerca do compendio de Historia do Brazil.* Recife: M. F. de Faria, 1844. Cód. class. 15.2.26.

_____. *Réplica apologetica de um escriptor calumniado e juizo final de um plagiario difamador que se intitula general.* Madrid: Viuva de R. J. Dominguez, 1846. Cód. class. 146.5.13 n.1.

Artigos

BENTO, Cláudio Moreira. O brasileiro que foi general de Simon

Bolívar: traços de seu perfil militar. *A Defesa Nacional*, Rio de Janeiro, Biblioteca do Exército, n.725, il., p. 91-129, maio./jun. 1986.

LIMA, José Inácio de Abreu e. Primeiro juizo de Francisco Adolpho Varnhagen acerca do compendio da historia do Brazil. *RIHGB*, Rio de Janeiro, v. 6, p. 60-83, 1844.

LIMA SOBRINHO, Barbosa. Centenário da morte do general José Inácio Abreu e Lima. *RIHGB*, Rio de Janeiro, v. 283, p. 169-184, abr./jun.1969.

MEIRA, Silvio Augusto de Bastos. O julgamento da história: o bispo Cardoso Aires e o general Abreu e Lima. *RIHGB*, Rio de Janeiro, ano 151, n. 367, p. 147-159, abr./jun. 1990.

SILVA, Leonardo Dantas. Pioneiros da pesquisa histórica em Pernambuco. *RIHGB*, Rio de Janeiro, v. 157, n. 390, p. 163-178. jan./mar. 1996.

OBRAS PUBLICADAS POR JOSÉ INÁCIO DE ABREU E LIMA

Memória sobre a planta conhecida na Republica da Colômbia pelo nome genérico guaco própria das regiões equinociais e sobre as principais virtudes. *Revista Médica Fluminense*, Rio de Janeiro, t. 3, 1826-1837.

Bosquejo histórico, político e literário do Império do Brasil. Niterói: Tipografia Niterói do Rego e Compainha, 1835.

Memória sobre a elefância. *Revista Médica Fluminense,* Rio de Janeiro, 1837.

Compêndio da história do Brasil. Rio de Janeiro: Laemmert, 1843. t. 1 e 2.

Resposta ao cônego Januário da Cunha Barbosa. Análise do Primeiro Juízo. Recife: Tipografia M. Faria, 1844.

Sinopse ou dedução cronológica dos fatos mais notáveis da história do Brasil. Recife: Tipografia M. Faria, 1845.

História universal. Rio de Janeiro: Laemmert, 1846-1847.

A cartilha do povo. Recife: Tipografia Viúva Roma e Filhos, 1849.

O socialismo. Recife: Tipografia Universal, 1855.

Discurso recitado. Discursos recitados no ano da instalação solene do hospital português provisório de Pernambuco. Recife, [s.e.], 1855.

Reforma eleitoral. Eleição direta. In: BANDEIRA, Antônio Herculano de Souza. *Coleção de artigos*. Recife: [s.e.], 1862.

O Deus dos judeus e o Deus dos cristãos. Terceira resposta ao Sr. Cônego Joaquim Pinto de Campos. Recife, [s.e.], 1867.

Resumen histórico de la última dictadura del libertador Simón Bolívar. *O Norte*, Rio de Janeiro, t. MCMXXII, [s. d.].

Inéditas

Memória sobre os limites entre o Brasil e a República da Colômbia. 1826.

A mulher católica.

Direito criminal.

Ordenança geral do Império do Brasil, seguida de um índice de legislação respectiva.

Notas ao Código Criminal do Império do Brasil, seguidas de um índice da legislação respectiva.

Ensaio crítico sobre diversas obras de autores modernos.

Observações relativas à história do Brasil, principalmente a respeito de pontos controvertidos da mesma história.

Imprensa periódica onde atuou

Arca de Noé. Rio de Janeiro, 1833.

Torre de Babel. Rio de Janeiro, 1833.

Raio de Júpiter. Niterói, 1836.

O Maiorista. Rio de Janeiro, 1840.

Teses sobre Abreu e Lima

MOURA, Luís Cláudio Rocha Henrique de. *Abreu e Lima*: uma leitura sobre o Brasil. Dissertação (Mestrado em História) — Universidade de Brasília, Brasília, 2006.

MATTOS, Selma Rinaldi de. *Para formar os brasileiros:* o compêndio da história do Brasil de Abreu e Lima e a expansão para dentro do Império do Brasil. Tese (Doutorado em História) — Universidade de São Paulo, São Paulo, 2007.

Apoio à Impressão: